insel taschenbuch 4757
Jürgen Schebera
Vom Josty ins Romanische Café

Nach dem Ersten Weltkrieg entwickelt sich Berlin zur Kunstmetropole von europäischem Rang. Literaten, Dramatiker, bildende Künstler und Musiker ziehen in die Stadt und küren, wie einst die Pariser Boheme, Künstlerlokale zu ihrem geselligen und geistigen Treffpunkt: das Romanische Café, Schwannecke und Mutter Maenz, das Restaurant Schlichter, das Adlon, das Eden, das Kempinski oder die Mampestuben – Else Lasker-Schüler, Bertolt Brecht, Joseph Roth, Stefan Zweig, Erich Kästner, Gustaf Gründgens und viele andere verkehren hier.

Mit zahlreichen Anekdoten und Zeitdokumenten führt Jürgen Schebera unterhaltsam und kurzweilig durch die Berliner Szenetreffs der Goldenen Zwanziger und stellt die Künstler vor, die dort diskutierten und stritten, erste literarische Versuche wagten – oder trickreich versuchten, an Geld für einen Kaffee zu kommen, Beziehungen zu einflussreichen Persönlichkeiten zu knüpfen oder einfach nur einen Sitzplatz im Lokal zu ergattern.

Jürgen Schebera, geboren 1940, Literatur- und Musikhistoriker, bis 1990 wissenschaftlicher Mitarbeiter am Zentralinstitut für Literaturgeschichte der Akademie der Wissenschaften der DDR. Zahlreiche Buchveröffentlichungen zur Kunst- und Kulturgeschichte der Weimarer Republik und zur Exilliteratur sowie zu den Komponisten Hanns Eisler und Kurt Weill.

JÜRGEN SCHEBERA
VOM JOSTY INS ROMANISCHE CAFÉ

STREIFZÜGE DURCH
BERLINER KÜNSTLERLOKALE DER
GOLDENEN ZWANZIGER

MIT ZAHLREICHEN ABBILDUNGEN

Insel Verlag

Erweiterte und aktualisierte Neuausgabe des 1988 unter dem Titel
Damals im Romanischen Café im Verlag Edition Leipzig erschienenen Buches.

2. Auflage 2023

Erste Auflage 2020
insel taschenbuch 4757
Originalausgabe
© Insel Verlag Berlin 2020
Alle Rechte vorbehalten, insbesondere das der Übersetzung,
des öffentlichen Vortrags sowie der Übertragung
durch Rundfunk und Fernsehen, auch einzelner Teile.
Kein Teil des Werkes darf in irgendeiner Form
(durch Fotografie, Mikrofilm oder andere Verfahren)
ohne schriftliche Genehmigung des Verlages reproduziert
oder unter Verwendung elektronischer Systeme
verarbeitet, vervielfältigt oder verbreitet werden.
Vertrieb durch den Suhrkamp Taschenbuch Verlag
Umschlaggestaltung: Designbüro Lübbeke, Naumann, Thoben, Köln
Umschlagabbildung: Christian Schad, *Sonja*, 1928
Foto: Jörg P. Anders/Nationalgalerie-SMB,
Verein der Freunde der Nationalgalerie/bpk, Berlin
© Christian-Schad-Stiftung Aschaffenburg, VG Bild-Kunst, Bonn 2020
Satz: Satz-Offizin Hümmer GmbH, Waldbüttelbrunn
Druck: CPI books GmbH, Leck
Printed in Germany
ISBN 978-3-458-36457-3

www.insel-verlag.de

INHALT

Einleitung 9

Prolog: Café des Westens 19
1895 bis 1915 – »Café Größenwahn« als erstes Berliner Künstlerlokal

Café Josty 37
Man trifft sich am Potsdamer Platz

Romanisches Café 41
Wartesaal des Genius und Künstlerbörse

Schwannecke und Mutter Maenz 83
Treffpunkt der Berliner Bühnengrößen

Restaurant Schlichter 105
Ein Jahrhunderterfolg wird geboren

Adlon, Eden und Kempinski 123
Nobellokale der Dichteraristokraten

›Die Insel‹ 137
Künstlerlokal mit Galeriebetrieb

Café Carlton und Mampestuben 145
Der Marmortisch als Arbeitsplatz

Epilog: Der Exodus des Geistes 167

Anmerkungen 175
Literaturhinweise 180
Personenregister 183
Bildnachweis 188

STREIFZÜGE DURCH BERLINER KÜNSTLERLOKALE DER GOLDENEN ZWANZIGER

In den zwanziger Jahren entwickelte sich Berlin zu einer europäischen Metropole. Blick auf die Kreuzung Kurfürstendamm/Ecke Joachimsthaler Straße, Aufnahme von 1930.

EINLEITUNG

»Ich habe einen guten Teil meines Lebens im Kaffeehaus verbracht, und ich bedaure es nicht«, bekennt Hermann Kesten als Sechzigjähriger, rückblickend auf bewegte Jahre. Und weiter: »Bald wird es ein halbes Jahrhundert sein, dass ich in meinen Cafés sitze und schreibe.«[1]

Von dem Verleger Bruno Cassirer stammen die Sätze: »Ohne Kaffeehaus kann man überhaupt keine Literatur machen. Jeder Mensch ist im Café ein ganz anderer als an seinem Arbeitsplatz. Dort entwickelt er seine verborgenen Eigenschaften und Wunschträume.«[2]

An keinem Ort und zu keiner Zeit des 20. Jahrhunderts konnten Literatencafés und Künstlerlokale auf eine solche Galerie klangvoller Namen verweisen wie im Berlin der (gar nicht so) Goldenen Zwanziger, wo Egon Erwin Kisch den Satz prägte: »Das Kaffeehaus erspart uns sozusagen eine Wohnung, die man nicht unbedingt haben muß, wenn man ein Kaffeehaus hat.«[3]

Längst sind Romanisches Café, Restaurant Schwannecke oder die Destille der Mutter Maenz zu einem Stück Berliner Kulturgeschichte geworden – mit Sicherheit nicht dem wichtigsten, aber dennoch einem unverzichtbaren und vor allem erzählenswerten.

Die Jahre der Weimarer Republik, zwischen 1919 und 1932, waren eine Periode in der damals fast siebenhundertjährigen Geschichte Berlins, in der die Stadt nicht nur die Einwohnerzahl von vier Millionen überschritt, sondern sich zugleich zu einer Kunstmetropole von europäischem Rang entwickelte. Nie zuvor hatte sich in Deutschland eine solche Konzentration nicht nur ökonomischen Potentials, sondern auch geistiger Kräfte an einem Ort vollzogen wie im Berlin der Jahre nach dem Ersten Weltkrieg. Die Großstadt übte eine fast magisch zu nennende Anziehungskraft auf Künstler und Geistesschaffende aus. Vor allem junge Schriftsteller, Theaterleute und bildende Künstler kamen von überall her in Deutschland, um nach dem Wegfall vieler Behinderungen während der wilhelminischen Ära nun an der Erneuerung der geistig-kulturellen Werte mitzuarbeiten.

»Wer Berlin hatte, dem gehörte die Welt«, erinnerte sich später Carl Zuckmayer an die Jahre ab 1920, als der Vierundzwanzigjährige aus dem Rheinland gleich vielen anderen die neue Kunstmetropole zu erobern versuchte. »Berlin schmeckte nach Zukunft, und dafür nahm man den Dreck und die Kälte gern in Kauf.«[4]

Für die Entwicklung der Künste wurde die produktive Aufnahme und Verarbeitung ausländischer Einflüsse zum wichtigen Impuls: der avantgardistischen Strömungen aus Frankreich und der jungen Sowjetunion ebenso wie der kommerziellen Massenkultur aus den USA. »Berlin als ein Zentrum europäischer Gesittung war neu«, hielt Heinrich Mann fest. »Berlin empfing, es war zugänglich noch mehr als schöpferisch. Die Schöpfer kamen zu ihm von überall, die große Stadt repräsentierte, das ist Beruf der wahrhaft großen Stadt. Dazu der Einschlag fremder Kulturen.«[5]

Einhergehend mit der Entwicklung neuer technischer Massenmedien wie Rundfunk, Schallplatte und Film etablierten sich in Berlin zahlreiche neue Produktions- und Verbreitungsinstitutionen für die Künste. Ein solcher Markt für geistige Produkte fand sich vergleichbar in keiner anderen europäischen Metropole. Ein Blick in die Statistik verdeutlicht diese Ausnahmestellung:

1927 spielten in Berlin allabendlich 49 Theater, einmalig in der Welt war die Existenz von gleichzeitig drei Opernhäusern. Es gab drei große Varietés sowie 75 Kabaretts, Kleinkunstbühnen und Lokale mit Unterhaltungsprogramm.

1929 gab es in der Stadt 363 Kinos; 37 Filmgesellschaften produzierten jährlich rund 250 abendfüllende Spielfilme.

»Kudammbummel 1928«, so hat der Scherl-Fotograf damals dieses Bild bezeichnet. Rund um die Gedächtniskirche befanden sich am Kurfürstendamm und in der Tauentzienstraße mehrere große Kinopaläste, bekannte Cafés, Restaurants und elegante Geschäfte.

In Berlin erschienen 1929 allein 45 Morgenzeitungen, zwei Mittagsblätter und 14 Abendzeitungen. Fast 200 Verlagsunternehmen arbeiteten in der Stadt, darunter so namhafte Häuser wie S. Fischer, Ernst Rowohlt, Bruno Cassirer und Gustav Kiepenheuer. Hinzu kamen bedeutende linksorientierte Verlage wie Malik, Die Schmiede, Erich Reiss, der Neue Deutsche Verlag und die Büchergilde Gutenberg. Ullstein und Scherl waren die Großproduzenten von Unterhaltungsliteratur.

Ein solcher Markt verlangte natürlich nach entsprechender Ware – nicht zuletzt war es auch die materielle Seite geistiger Produktion, die Berlin so anziehend machte. Als der dreiundzwanzigjährige Schriftsteller Ödön von Horváth 1928 zum ersten Mal nach Berlin kam, notierte er nach wenigen Wochen: »Und nun das Wichtigste: bekanntlich braucht man zum Denken einen Stuhl, auf dem man sitzt. Es hat sich allmählich herumgesprochen, daß das Materielle unentbehrlich ist. Und das bietet dem jungen Schriftsteller nur Berlin, von allen deutschen Städten. Berlin, das die Jugend liebt und auch etwas für die Jugend tut, im Gegensatz zu den meisten anderen Städten, die nur platonische Liebe kennen. Ich liebe Berlin.«[6]

Neben den traditionellen Produktions-, Diskussions- und Umschlagplätzen für Kunst und geistige Produktion (Theater, Ateliers, Galerien, Verlage, Redaktionen) erlangte nun ein weiterer zunehmende Bedeutung: das Künstlerlokal. Hier traf man sich, um neue Projekte zu debattieren und vor allem »an den Mann zu bringen«. Ob bei Josty am Potsdamer Platz, bei Schwannecke in der Rankestraße oder im Restaurant Schlicher in der Lutherstraße: Hierher kamen die Künstler nur im Ausnahmefall, um zu arbeiten; viel wichtiger waren solche Treffpunkte, um mit den Dramaturgen der Berliner Bühnen über die Annahme eines neuen Stückes zu verhandeln, von den Feuilletonredakteuren Aufträge für Artikel und Rezensionen zu erhalten oder mit Galeristen Ausstellungen und Ankäufe zu vereinbaren. Nicht zuletzt galt hier auch das Sehen und Gesehenwerden – vor allem im Romanischen Café, das zum Inbegriff des Berliner Künstlerlokals der zwanziger Jahre wurde.

So reizvoll ein Buch über diesen Bereich künstlerischer Kommunikation ist, so muss es doch zwangsläufig vieles aussparen. Weder kann hier eine Berliner Literatur- und Kunstgeschichte der zwanziger Jahre vorgelegt werden, noch spiegeln sich in der Szene der Künstlerlokale die ästhetischen wie politischen Polarisierungen der Jahre bis 1933. Entscheidende Prozesse der gesellschaftlichen Entwicklung wie der künstlerischen Produktion verliefen außerhalb der Kaffeehäuser. Der interessierte Leser findet dazu im Literaturverzeichnis entsprechende Hinweise zu weiterführender Lektüre.

Dessen ungeachtet wird in einem solchen Buch ein wichtiger Impuls für die bis heute faszinierende Vielfalt im geistigen Leben Berlins der zwanziger Jahre unmittelbar nachvollziehbar: die äußerst produktive Rolle von Gespräch und Debatte für die künstlerische Produktion. Natürlich hat Brecht den Text der *Dreigroschenoper* nicht im Restaurant Schlichter geschrieben, sondern in seinem möblierten Zimmer in der Spichernstraße; Leonhard Franks Romane entstanden nicht im Romanischen Café, sondern an seinem Schreibtisch in Halensee. Und doch verdanken viele Werke die unterschiedlichsten Anregungen den Gesprächsrunden am Tisch des jeweiligen Stammlokals.

Diese Atmosphäre so authentisch wie möglich wiederzugeben, bestimmt die Machart des vorliegenden Bandes. Da der Autor nicht mehr zur Generation der »Augenzeugen« gehört, wer-

Blick auf die Kreuzung Unter den Linden/Friedrichstraße. Hier befand sich das beliebte Café Kranzler, meist »Kranzler-Eck« genannt. Aufnahme von 1924.

den eine große Zahl originaler Texte der zwanziger Jahre in die Darstellung einbezogen, ergänzt um Auszüge aus später veröffentlichten Erinnerungen. Dass auch die überlieferte Anekdote zu ihrem Recht kommt, mag das Vergnügen an der Lektüre noch erhöhen. So fügt sich die Beschreibung der Lokale und ihrer wichtigsten Stammgäste – die ja erst den Nachruhm ausmachen – zusammen zu einer Dokumentation, welche die umfangreiche Berlin-Literatur um ein unterhaltsames Kapitel erweitern möchte.

Freisitze des Café König Unter den Linden. Die Billard-, Schach- und Spielsäle im Innern des Lokals waren ein beliebter Treffpunkt schon ab zehn Uhr morgens. Aufnahme von 1931.

Ein Gesamtüberblick ist weder beabsichtigt noch zu leisten, zu bunt und vielfältig war die Szenerie. 1928 betrug die Gesamtzahl der Berliner Gaststätten rund 16 000, davon 550 Kaffeehäuser sowie 220 Bars und Tanzlokale. In etwa hundert davon verkehrten Künstler und Geistesschaffende. Es gab Treffpunkte in unmittelbarer Nähe der Arbeitsorte, etwa das Café Jädicke in der Kochstraße nahe dem Zeitungsviertel, wo die Journalisten unter sich waren, oder die Kleine Scala, wo die Varieté- und Zirkusleute nach ihrem Auftritt saßen. Wichtiger noch als solche »brancheninternen« Lokale waren die »öffentlichen« Künstlertreffpunkte, wo von morgens bis in die späte Nacht ein ständiges Kommen und Gehen herrschte und sich Vertreter aller Richtungen begegneten.

Bereits um das Jahr 1815 hatte sich in Berlin erstmals ein Künstlerstammtisch etabliert – der Kreis um E.T.A. Hoffmann in den Weinstuben von Lutter & Wegner; wenige Jahre später sollte Heinrich Heines Tischrunde in der italienischen Konditorei Stehely folgen. Doch erst mit dem 1895 eröffneten Café des Westens bildete sich schließlich jener Typ eines Künstlerlokals heraus, der durch seine Stammgäste und Besucher aus der Boheme geprägt wurde. Dieser »wegbereitenden« Institution – obwohl lange vor den Zwanzigern als »Café Größenwahn« auf der Höhe seines Ruhms – gilt folgerichtig das einleitende Kapitel unserer Darstellung, ehe wir uns danach auf den Streifzug durch die Jahre der Weimarer Republik begeben.

Der abschließende Epilog skizziert dann den Exodus des Geistes nach dem 30. Januar 1933 mit seinen Auswirkungen nicht zuletzt auch auf die Szenerie der Berliner Künstlerlokale.

Die Weimarer Republik, den Kern ihres Scheiterns, nämlich die fehlende Majorität an wirklichen Demokraten, von Anbeginn in sich tragend, war durch die Kräfte der Reaktion am Ende planmäßig vernichtet worden. Daran konnte auch die große Zahl an Künstlern und Geistesschaffenden aufrechter Gesinnung, die jahrelang ihre Stimme für die Verteidigung der Republik erhoben hatten, letztlich nichts ändern. Die meisten von ihnen mussten Nazideutschland verlassen, fortan »öfter als die Schuhe die Länder wechselnd«[7], wie Brecht es in seiner poetischen Metapher ausgedrückt hat. Nicht zuletzt ist unser Buch auch eine Erinnerung an ihre großen Berliner Jahre vor Einbruch der braunen Nacht über Deutschland.

PROLOG: CAFÉ DES WESTENS

1895 bis 1915 – »Café Größenwahn«
als erstes Berliner Künstlerlokal

Im Jahr 1893, als der Kurfürstendamm in Richtung Halensee noch eine nur teilweise bebaute Gegend war, eröffnete ein Herr Kirchner im Haus Nr. 18 ein kleines Café. 1895 wechselte es den Besitzer, hieß nun Café des Westens und wurde alsbald zum

Café des Westens, Kurfürstendamm 18. Bei der Eröffnung im Jahre 1893 war die Gegend noch ein ruhiger Winkel. Aufnahme um 1905.

Treffpunkt der Berliner Boheme. Im Herbst 1896 fand sich hier ein erster Stammtisch von Malern aus umliegenden Ateliers zusammen, denen sich ab 1898 zunehmend Literaten und Theaterleute anschlossen. Es war die Zeit, da sich das aus Frankreich stammende Cabaret als neues Genre Kabarett auch in Berlin etablierte. Ernst von Wolzogen und Otto Julius Bierbaum brachten die »zehnte Muse« in die Stadt, Unternehmen wie Überbrettl oder Schall und Rauch-Bühne kündigten sich an.

Zu den ersten Stammgästen des Cafés gehörte der Maler Edmund Edel. Er redigierte 1913 eine Festschrift *20 Jahre Café des Westens*, in der sich die folgende Reminiszenz an Ereignisse zu Ende des Jahres 1899 findet:

»In dem kleinen abgeschlossenen Nebenzimmer des Café des Westens wurden die Vorbereitungen zur Sylvesterfeier 1900 getroffen, die in den Parzivalsälen des Theaters des Westens stattfinden sollte. In wenigen Nächten entstand hier Max Reinhardts berühmte Parodie des [Schiller'schen] *Carlos*. Und es wurde die Schall und Rauch-Bühne geboren.«[8]

Sechzig Jahre später berichtete der Schriftsteller Peter Edel über seinen Großvater Edmund und dessen Freund und Förderer, den Kunstkritiker Max Osborn – der zusammen mit Edmund Edel viele Nächte im Café des Westens verbracht hatte –: »Er geriet in Verzückung,

Umschlag einer Festbroschüre, erschienen 1913.

Werbeplakat für die B.Z. am Mittag von Edmund Edel, 1904.

der Dr. Osborn, wenn er seines Freundes Edmund Glanz- und Pioniertaten schilderte: die zahlreichen Plakate, die im kühnen Jugendstilstrich, frech, einprägsam, eine ganze Schule mitbegründet hatten.«[9] Zu den bildenden Künstlern aus der Frühzeit des Cafés gehörten auch der Bildhauer Ottomar Begas, der die Marmorplatten der Tische mit Skizzen und Porträts versah, und der Maler Baron von Schennis.

Sehr bald wurde ein zweiter Kreis im Café des Westens heimisch. 1903 hatten der Kunstkritiker Herwarth Walden und die Dichterin Else Lasker-Schüler geheiratet, große Teile ihres Lebens verbrachten die beiden fortan in »ihrem« Café, wo Walden zahlreiche Künstler und Schriftsteller um sich versammelte, die dann ab 1904 in seinem Verein für Kunst zusammenarbeiteten. Wichtigste Vertreter dieses »Walden-Kreises«, der sehr bald die Atmosphäre des Lokals bestimmte, waren die Schriftsteller Erich Mühsam, Richard Dehmel, Julius Hart, Peter Hille sowie der Arzt und Dichter Alfred Döblin. Auch der Kunsthändler Paul Cassirer mit seiner Gattin, der Schauspielerin Tilla Durieux, gehörten zu dieser Runde. Später hat die Durieux über Walden und Lasker-Schüler notiert: »Dieses Ehepaar, mit ihrem unglaublich verzogenen Sohn, konnte man nun von mittags bis spät nachts im Café des Westens unter all den wilden Kunstjüngern und Kunstfrauen antreffen. Die kleine Familie

Der Künstlerkreis um die von Herwarth Walden herausgegebene Zeitschrift »Sturm« traf sich regelmäßig im Café des Westens. Skizze von John Höxter, 1928.

Das »Café Größenwahn« lieh 1905 sogar einem Roman den Titel. Auf dem Umschlag sind die zwei wohl berühmtesten Stammgäste verewigt: Else Lasker-Schüler und Erich Mühsam.

nährte sich, wie ich vermute, nur von Kaffee.«[10]

Zu dieser Zeit, etwa um 1903, erhielt das Lokal jenen Beinamen, mit dem es in die Kulturgeschichte eingegangen ist: »Café Größenwahn«. Vorbild dafür war das Münchner Boheme-Café Stephanie, das ein Jahr zuvor unter dem gleichen Namen zu einem Künstler-Karneval eingeladen hatte.

Bereits 1905 findet sich in einem Buch über Berliner Kaffeehäuser der Name festgeschrieben. Im Kapitel zum »Café Größenwahn« kann man lesen: »Dicke, überhitzte Luft brütet in dem kleinen Eckcafé, das zu ebener Erde liegt, niedrig, nur wie ein paar Zimmer, zwischen denen die Wände ausgebrochen sind. Billige Gobelins an den Wänden. Verräucherter Stuck an den Decken. Alles in einem lächerlich falsch verstandenen Rococo. Aber gerade diese niedrigen, schlecht geschmückten Decken, die keine genügende Ventilation ermöglichen; gerade dies enge Beisammensein, zu dem die kleinen Räume nötigen – gerade das macht die Gemütlichkeit des Lokals. Gerade das lockt all die jungen Leute von Berlin W. hierher, die es in ihren Ateliers nicht gemütlich haben und in deren möblierten Zimmern es im Winter scheußlich kalt ist.«[11]

Ab etwa 1907 stießen die frühexpressionistischen Dichter um Kurt Hiller zu den Stammgästen des Lokals: Ernst Blass, Jacob van Hoddis, Georg Heym und Alfred Lichtenstein.

Jakob van Hoddis. Der expressionistische Dichter zählte bis 1914 zu den Stammgästen im Café des Westens. Porträtzeichnung von Ludwig Meidner, 1913.

Immer stärker wurde das Café des Westens nun zum zentralen Treffpunkt Berliner Künstler, die u. a. aus dem Nollendorf-Casino in der Kleiststraße und aus dem Café Kutschera am Kurfürstendamm ins »Größenwahn« umzogen.

Café Größenwahn. Die Zeichnung von Rudolf L. Leonhardt, eine Erinnerung an das Café des Westens, entstand 1920.

In der bereits erwähnten Jubiläumsschrift von 1913 geht Edmund Edel der Frage nach, was denn die Anziehungskraft gerade dieses Lokals ausgemacht habe: »Wieso gerade dieses kleine Café zum Hauptsitz des Geistes geworden ist, kann kein Geschichtsschreiber ergründen. Eines Tages war es offenbar Tatsache, daß nur hier im großen Berlin sich der Geist und die Seele in den nötigen Schwung bringen lassen können. Allmählich überzogen Scharen von Geisteshelden aller Fakultäten das Kaffeehaus, saßen und lagerten an den Marmortischen am hellichten Tage und in tiefdunkler Nacht, und wenn es hochkam, hatten sie eine Zeche von 55 Pfennig gemacht. Aber sie saßen an den Marmortischen wie an den Wassern Babylons.«[12]

Die wichtigsten dienstbaren Geister des Lokals waren Herr Hahn, der Oberkellner, und der »rote Richard«, ein spezieller Zeitungskellner, so genannt wegen seiner Haarfarbe. Herr Hahn war Vertrauter, Kreditgeber und Pfandleiher seiner Gäste in einer Person. Er hatte geheime Abkommen mit manch zahlungskräftigem Mäzen und Kunstförderer, so dass oft Rechnungen stillschweigend gar nicht erst präsentiert wurden und etwa Paul Cassirer für die Zeche der Lasker-Schüler oder einer der Ullstein-Brüder für die Erich Mühsams aufkam.

Für die Stammgäste war das »Café Größenwahn« längst zu einem Teil ihres Lebens geworden. »Ich bin nun zwei Abende nicht im Café gewesen«, schreibt Else Lasker-Schüler 1911, da sie krank zu Bett lag, »ich fühle mich etwas unwohl am Herzen. Dr. Döblin kam mit seiner lieblichen Braut, um eine Diagnose zu stellen. Er meint, ich leide an der Schilddrüse, aber in Wirklichkeit habe ich nur große Sehnsucht nach dem Café.«[13] An ihrem Tisch prägte die Dichterin für sich und ihre Freunde die phantastischsten Namen. Richard Dehmel nannte sie den »Waldfürst«, Peter Hille »Sankt Peter«, Gottfried Benn »König Gisel-

Else Lasker-Schüler. Von 1903 bis 1912 mit Herwarth Walden verheiratet, war sie im Café des Westens ein Mittelpunkt der Berliner Boheme. Aufnahme von 1907.

Caféhaus. *Radierung von Ludwig Meidner, 1914.*

her« und Karl Kraus, der bei keinem seiner Berliner Aufenthalte vor dem Ersten Weltkrieg versäumte, ins Café des Westens zu kommen, erhielt den Ehrennamen »Kardinal«.

Der expressionistische Maler und Zeichner Ludwig Meidner schrieb über das Café um 1910: »Man konnte dort bei einer Tasse Kaffee oder einem Glase Bier, die beide je 25 Pfennig kosteten, die ganze Nacht hindurch sitzen, ohne daß man von einem Kellner ermahnt wurde, etwas Neues zu bestellen. Es hatten sich dort im Laufe der Jahre einige Tafelrunden zusammengefunden, und einer dieser Stammtische war abgebildet in einem großen

Wandbild, einem anspruchslosen plakathaften Machwerk, das hoch oben an der Wand prangte und den Kreis um den Schriftsteller Erich Mühsam darstellte. [...] Die Atmosphäre dieses Milieus war angenehm, ja sie hatte für uns sogar etwas Anheimelndes und Gemütliches. Das Lokal war nicht so grell beleuchtet wie andere Cafés. Wenn man jemand stets antraf, so war es John Höxter, ein junger Mann ohne bestimmten Beruf, obschon er sich als Maler ausgab, dem man aber den Bohemien sogleich ansah.«[14]

Dieser John Höxter, um 1905 aus Düsseldorf nach Berlin gekommen, ein begabter Zeichner, wurde hier für fast zweieinhalb Jahrzehnte zum Kaffeehaus-Bohemien par excellence. Den größten Teil dieser Jahre verbrachte er zunächst im »Café Größenwahn« und danach im Romanischen Café. Nach immer gleichem Ritus kassierte der liebenswürdige Schnorrer an den Tischen feststehende Sätze zwischen 50 Pfennig und 1 Mark, mit denen er seinen Lebensunterhalt bestritt. Im Jahr 1929 veröffentlichte Höxter seine Erinnerungen an 25 Jahre Berliner Boheme. Darin findet sich auch der Text *Ein Tag im Café des Westens*, authentische Schilderung des Lokals als Mittelpunkt, Kommunikationszentrum und Lebensweise:

»›Tag, Herr Höxter!‹ In der Tür steht der ›rote Richard‹ und salutiert mit einem Zeitungshalter. ›Am Büffet liegt ein Brief für Sie!‹ Hinter ihm grüßt von oben herab eine Gipsbüste Wilhelms II., mit unbeabsichtigter Symbolik auf dem Quasselkasten, dem Telefonhäuschen, postiert. Zwei Minuten bleibe ich stehen, um Hausschlüsselfragen mit Jacob van Hoddis zu ordnen (dem Teilhaber meiner Zwei-Zimmer-Wohnung), dann treibt es mich weiter, meinen Brief zu holen. Aber schon am nächsten Tisch bleibe ich wieder hängen. Herwarth Waldens ›Sturm‹-Gesellen Else Lasker-Schüler, Dr. Döblin, Peter Baum, Dr. Friedländer-Mynona und

René Schickele. Porträtzeichnung von Rudolf Grossmann, 1916.

Carl Einstein haben Besuch aus Wien erhalten; Karl Kraus und Theodor [recte: Adolf, d. A.] Loos führen ihre neueste Entdeckung, den Maler Oskar Kokoschka, den Berlinern vor. Anton, der liebenswürdige, immer bleiche Kellner hat mir inzwischen den Brief geholt. Die Comédie-Français gastiert bei Kroll, und Dr. Karl Ludwig Schröders ›Deutsche Theater-Zeitung‹ beauftragt mich, dort Stoff für meine Wochenkarikatur zu suchen. Nun bemerke ich auch einige Tische weiter unten meine eigentlichen, alltäglich-allnächtlichen Kameraden, Erich Mühsam, Ferdinand Hardekopf, René Schickele, Rudolf Kurtz und ein neues Gesicht: der Maler Max Oppenheimer (Mopp) aus Prag ist hier der neue Mann, der sich vorläufig durch Anekdotenerzählen bekannt, beliebt und geschätzt zu machen versucht. Vorläufig kann Mühsam allerdings seinen Kaffee nicht bezahlen. Dr. von Rosenberg, ein stets hilfsbereiter russischer Hofrat, flüstert ihm zu: ›Mir fällt ein, ich schulde Ihnen noch zehn Mark, darf ich mir vielleicht erlauben, jetzt...‹ ›Sie irren‹, unterbricht Mühsam kühl, ›es waren zwanzig!‹ Ausbeuter? Anarchist? Bohemien?«[15]

Auch Mühsam – ein Jahrzehnt danach unter den Führern der Münchner Räterepublik, ein reichliches weiteres Jahrzehnt später ermordet im Konzentrationslager Oranienburg – hat sich oft an die Jahre im »Café Größenwahn« erinnert, etwa:

»Ich saß bis drei oder vier Uhr nachts am Künstlertisch mit den allnächtlichen Stammgästen zusammen, und dort debattierten wir über Kunst und Kultur, über Theaterdirektoren und Buchverleger, über politischen und persönlichen Klatsch.«[16]

Gerade jener letztgenannte Gesprächsgegenstand war es, der zunehmend auch Neugierige ins Café des Westens lockte. Hier konnte man nicht nur die Geistesgrößen leibhaftig bestaunen, sondern auch so manches Bonmot aufschnappen, das sich später trefflich weiterverwenden ließ. Und deren gab es viele, gehörten doch Wort- und Versakrobatik, verqueres Reimen und manch gehässiger Seitenhieb auf berühmte Kollegen zum bevorzugten »Abendprogramm« im Café. Auch hier verdanken wir John Höxter authentische Überlieferung:

Erich Mühsam. Bis zu seinem Umzug nach München 1909 sammelte sich im Café des Westens um ihn der Literatenkreis. Porträtskizze von John Höxter, 1928.

»Oft kam abends die Feierstunde des Spielens mit Worten, für das sie immer neue und schwierigere Regeln erfanden. In Versen zu sprechen, galt als Klippschülerstolz; zumindest mußten es Schüttelreime sein. Mühsam schüttelte gar vierfach:

Da war das Fräulein Liebetraut,
Das an den Folgen einer Traube litt.
Quälend rumorten ihre Triebe laut,
Weshalb sie schnell in jene Laube tritt.

Oder er schüttelte einen ganzen Roman über ein Bahnunglück in zwei Verse zusammen:

Sie brauchten gar nicht umzusteigen,
Drum gab sie sich ihm stumm zu eigen.
Doch da verkehrt die Weichen lagen,
Fuhr man sie heim im Leichenwagen.

Das waren Leistungen, die Mynona zu dem Ausruf begeisterten:
Für Lohn kreucht er
Auf den Kronleuchter.

Oder:
Von deutschen Dichtern lies am meisten,
Nur die so viel wie Mühsam leisten.

Auch ich verste – wir nannten das ›Anklänge‹, ein Wortspiel, das darin bestand, nach dem Paradigma bekannter Verse kleine persönliche Bosheiten zu formen, etwa:
Rilke, Rilke, Rainer,
George und mir kann keiner.
Wir sitzen unterm Lorbeerbusch,
Die andern, die sind kusch, kusch, kusch!

Oder:
Auf den Hund
Kommt Klabund,
Nicht reich, nicht gesund.
Vor glattem Mist
Bewahre ihn Herr Jesu Christ.

Oder:
Hofmannsthal empfängt beim Wandern
Von dem einen Band zum andern.
Liest erst hier, schreibt dann da,
Mal goethisch, mal Homerika.

Oder:
Wenn mancher Mann wüßte,
Wer Thomas Mann wär,

Tät mancher Mann Heinrich Mann
Manchmal mehr Ehr.«[17]
Auch auf die Rückseite unbezahlter Rechnungen und auf Zeitungsränder wurden allerlei Spottverse niedergeschrieben, wie etwa das folgende Gedicht aus der Feder von Klabund:
Die Welt ist rund.
Ein halbes Kilo
Ist ein Pfund.
Thomas Mann schreibt sich wund
An einem Satz.
Ewers schreibt Schund,
Und
Auf deinen Mund
Reimt sich Klabund.[18]
Um solchem Missbrauch seiner Zeitungen, vor allem aber deren Verschwinden vorzubeugen, hatte der Inhaber des Lokals, Ernst Pauly, einen Stempel in Gebrauch, welcher alle Blätter zierte, die der »rote Richard« an die Tische brachte: »Gestohlen im Café des Westens«.[19]

Als der achtundzwanzigjährige Leonhard Frank 1910 nach Berlin zog, bekam das »Café Größenwahn« einen neuen Stammgast. Teile seines Romans *Die Räuberbande*, mit dem er bald darauf bekannt werden sollte, schrieb Frank an »seinem« Marmortisch nieder. Später dann, in dem autobiographischen Buch *Links wo das Herz ist*, lässt Frank seinen Helden Michael Vierkant über die Ankunft in Berlin wie auch im Café des Westens reflektieren: »Nerv und Geist der Stadt waren elektrisiert. Das Leben war elektrisiert. Das war Berlin, als Michael im Herbst 1910 am Anhalter Bahnhof aus dem Zuge stieg. [...] In dieser Stimmung ging er bald darauf das erste Mal ins Café des Westens, das er erst fünf Jahre später wieder auf längere Zeit verließ.«[20]

An anderer Stelle hat Frank seine erste Begegnung mit Egon Erwin Kisch im Frühjahr 1914 beschrieben: »Das erste Mal sah ich meinen Freund Kisch vor dem Ersten Weltkrieg, als er mit seinem neu erschienenen Roman *Der Mädchenhirt* ins Café des Westens einzog, umgeben von Bewunderern und einer erklecklichen Anzahl hübscher junger Mädchen (siehe Romantitel). Die Kampfgespräche über Literatur begannen sofort. Sie dauerten jeden Tag bis fünf Uhr früh. Und da wir spätestens bis vier Uhr nachmittags wieder im Café sein mussten und, wie ich mich mit Bestimmtheit erinnere, doch auch irgendwann geschlafen haben, frage ich mich heute vergebens, wann wir eigentlich unsere Bücher schrieben.«[21]

Nur wenige Monate später, im Juli 1914, brach der Erste Weltkrieg aus. Zwei Monate danach notierte Kisch in seinem Kriegstagebuch: »Mittwoch, den 2. September 1914. In Gaic borgte mir ein aus Leipzig eingerückter Reservist eine Zeitung. Eine ältere Nummer, aber es war ein Feuilleton darin, in dem die Kriegszeiten im Berliner ›Café Größenwahn‹ geschildert werden. Fast täglich war ich in diesem Jahr dort zu Gaste und kann mir denken, wie diese supernervösen, hypersensitiven Menschen jetzt von Psychosen befallen sind, wie sie Gerüchte aufnehmen, Gerüchte aufbauschen, Gerüchte entstehen lassen. Mir ist bang nach ihnen.«[22]

Mit dieser Anzeige gab Besitzer Pauly im August 1913 den Umzug des Café des Westens bekannt.

Als Kisch diese Zeilen niederschrieb, war der Stern des »Café Größenwahn« freilich schon im Untergehen begriffen. Die Zeitereignisse hatten das unbeschwerte Bohemedasein längst überholt, viele der Stammgäste mussten den Uniformrock anziehen. Hinzu kam, dass Inhaber Pauly schon 1913 sein Lokal einige Häuser weiter an die Ecke Joachimsthaler Straße verlegt hatte, da ihm dort neue und größere Räume angeboten worden waren. Ende September hatte er sein neues Café des Westens eröffnet (das alte Lokal blieb daneben noch bis 1915 bestehen, ehe es endgültig geschlossen wurde).

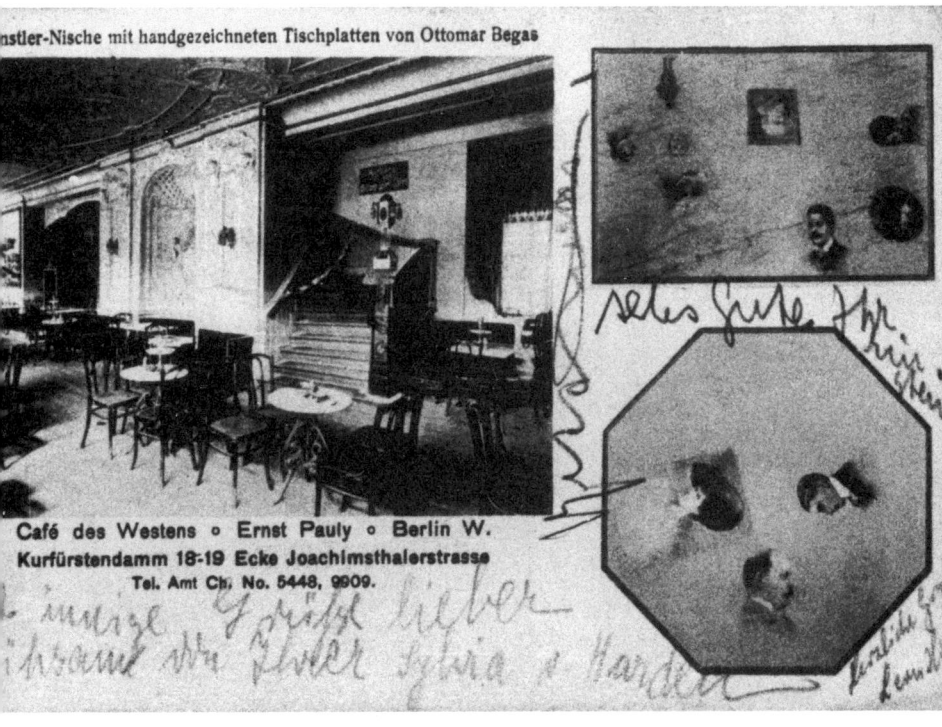

Werbepostkarte für das neue Café des Westens, 1913. Zu sehen sind links der große Innenraum und rechts zwei Marmortische mit Porträts berühmter Stammgäste, angefertigt von Ottomar Begas. Besitzer Pauly hatte sie aus dem alten Café mitgenommen und nun in einer »Künstler-Nische« aufgestellt.

Umzug und Renovierung hatten viel Geld gekostet, so dass die Geschäftsführung jetzt straffer wurde: Man sah auf entsprechenden Verzehr, gewährte auch keine Kredite mehr. Außerdem besaß das neue Lokal nicht mehr die Gemütlichkeit von einst, war nüchtern und kalt. Alle diese Umstände brachten es mit sich, dass die Künstler den Umzug nicht mitmachten. Sie suchten sich andere Plätze, zunächst das Café Josty am Potsdamer Platz und danach, ab 1917/18, das Romanische Café vis-à-vis der Kaiser-Wilhelm-Gedächtniskirche.

Voller Wehmut und Zorn hatte Else Lasker-Schüler noch im Oktober 1913 einen offenen Brief verfasst, betitelt *Unser Café*. Darin hieß es:»Früher war das Stelldichein all dieser ›Radikalen‹ das Café Größenwahn. Aber eines Tages verbot der Besitzer der Dichterin Else Lasker-Schüler, die zu diesem Kreis gehört, das Lokal, weil sie nicht genug verzehre. Man denke! Ist denn eine Dichterin, die viel verzehrt, überhaupt noch eine Dichterin? Sie empfand das mit Recht als eine unerhörte Beleidigung, als schimpfliches Mißtrauen gegenüber ihrer dichterischen Echtheit. Ebenso dachten die anderen. Daher verließen sie empört das Lokal. [...] Als wir auf der Straße standen, gedachten wir mit Wehmut unseres verlorenen Cafés. Wir Künstler haben sozusagen das Café des Westens mit auf die Welt gebracht, wir Künstler haben ihm das erste Feierkleid geschenkt, wir Künstler haben es zur Königin aller Cafés erhoben! Nur einmal in der Woche treffen wir uns nun in der Konditorei Josty. Auf einer Erhöhung sitzen wir an zwei Tischen...«[23]

Doch ungeachtet aller Proteste veränderte Herr Pauly weder sein neues Lokal noch seine Prinzipien – das »Café Größenwahn« als Künstlertreffpunkt war unwiederbringlich verloren.

Das erste kleine Buch über den Kurfürstendamm resümierte 1921:»Die Zeiten, da Erich Mühsam im Kreise von wilden Zigeunern saß und artistisch begeisterte Sonette auf Marta und Helene improvisierte, wo man sich den alten Mann zeigte, der sein ganzes Leben verbracht hatte mit der Suche nach einer Definition der Kunst, wo man sich mit Ohrfeigen, Billardqueus, Stühlen und Tischplatten traktierte um den Begriff ›Schön‹, da Richard Strauss, Franz Blei, Max Reinhardt, René Schickele im Café Größenwahn verkehrten – die

Bei allen Stammgästen im Café des Westens hieß der legendäre Zeitungskellner nur der »rote Richard«. Porträtskizze von John Höxter, 1928.

Zeiten sind vorbei. Kunstolymp mit wandelbaren Moden und sterblichen Göttern.«[24]

Zum bewegenden Nekrolog auf die Epoche des »Café Größenwahn« wurde schließlich ein Porträt des ehemaligen Zeitungskellners Richard, das Joseph Roth 1923 in der *Neuen Berliner Zeitung* veröffentlichte, getitelt *Richard ohne Königreich*:

»In fremden Cafés sitzt er und läßt sich – o Jammer! – Zeitungen reichen. Richard, dereinst unbeschränkter Beherrscher des gesamten in- und ausländischen Lesestoffs, läßt sich von anderen Zeitungskellnern Blätter geben. [...] Was?! Die Welt weiß am Ende gar nicht mehr, wer Richard ist? Richard, der Zeitungskellner aus dem Café des Westens? Richard, der seinen Buckel trug, als Abzeichen geistiger Würde, den Buckel als das Signalement der Weisheit und Romantik. [...] Er war rothaarig. Er war eigens erfunden vom literarischen Beirat des lieben Gottes und vom Pressechef des Himmels zum Zeitungskellner ausersehen. Er sah Generationen von Literaten kommen und gehen. Sie verschwan-

den in Gefängnissen und Ministerstühlen. Sie wurden Revolutionäre und Attachés. Und sie blieben ihm alle Geld schuldig. Er wußte den Weg, den sie machen würden, kannte den Stil, den sie schrieben. Wußte, wo sie nachgedruckt worden waren und erzählte es ihnen. Er reichte ihnen die Zeitung mit der Nachricht, gewissermaßen die Botschaft mit der Schale. Und wenn sie unbekannt waren – er förderte sie. [...]
Ich entsinne mich jener schmerzlichen Nacht, in der das alte Café des Westens für immer geschlossen wurde und Richard unsere Unterschriften sammelte. Dieses Einfangen der Unsterblichkeit in ein Stammbuch war seine letzte Handlung im Dienste der Literatur. Dann verschwand Richard, und es dauerte eine Weile, ehe er im Romanischen Café auftauchte. Wer weiß, wie viel Schmerz er da empfunden hat, als er in seine Heimat kam als Gast und Fremdling! Zeitungen fordernd, statt sie zu vergeben!? Die Wehmut, die mich bei seinem Anblick erfüllt, gleicht jener, mit der ich eine alte Zeitungsnummer betrachte oder ein altes Feuilleton von mir selbst. So teuer ist mir Richard.«[25]

CAFÉ JOSTY

Man trifft sich am Potsdamer Platz

Mit dem Potsdamer Fernbahnhof, der 1902 eröffneten ersten Berliner U-Bahn-Linie Richtung Gleisdreieck sowie zahlreichen Straßenbahn- und Omnibusverbindungen war der Potsdamer Platz bereits um die Jahrhundertwende der belebteste Verkehrsknoten der Stadt. An einem Geschäftsgebäude an der Nordseite des Platzes lud die weithin sichtbare, große weiße Schriftzeile »Jostys Conditorei u. Café« zum Besuch ein.

Rund ein Jahrhundert zuvor waren zwei Brüder Josty aus der Schweiz nach Berlin gekommen und hatten im Jahre 1796 die »Zuckerbäckerei Johann Josty & Co.« gegründet, die bald mit der Qualität ihrer Produkte stadtbekannt wurde. 1812 eröffneten die Jostys ihr erstes, rasch florierendes Kaffeehaus nahe beim Berliner Stadtschloss. Das Jahr 1880 brachte dann mit drei neuen Filialen den endgültigen Durchbruch: am Potsdamer Platz, in Wilmersdorf und in Charlottenburg.

Das Café Josty am Potsdamer Platz war als »Hauptsitz« konzipiert worden. In großzügigen Räumen über zwei Etagen gab es an die fünfzig Tische, dazu kam eine ausgedehnte Terrasse in der ersten Etage mit Blick über den ganzen Platz. Die Lage war ideal und garantierte den Betreibern ein zahlreiches und gemischtes Publikum vom Vormittag bis in die späte Nacht: Geschäftsleute aus den umliegenden Firmen und Banken, Abgeordnete und Angestellte des Preußischen Landtags (heute Abgeordnetenhaus von Berlin), am Abend dann Besucher der nahen alten Philharmonie in der Bernburger Straße und des – heute noch erhaltenen – Meistersaals in der Köthener Straße, die sich vor und nach den Konzerten bei Josty einfanden. Das 1910 ganz in der Nähe eröffnete Grand Hotel Esplanade brachte dann weiteres Publikum.

Und Josty als Künstlerlokal? Wir haben bereits Else Lasker-Schülers Bericht von 1913 zitiert, als das Café des Westens schloss und der dortige »Größenwahn«-Kreis sich einen neuen Ort suchen musste. Damals schrieb sie: »Nur einmal in der Woche treffen wir uns nun in der Konditorei Josty. Auf einer Erhöhung sitzen wir an zwei Tischen...«[26] Ernüchterung spricht aus

Potsdamer Platz mit Café Josty. Historisches Foto vom 13. März 1920. An diesem Tag rückten im Zuge des am Ende erfolglosen Kapp-Putschs Freikorps-Truppen in Berlin ein. Bereits damals gehörte das Hakenkreuz (hier am Lkw) zu den Insignien der reaktionären Kräfte.

diesen Sätzen: Nicht mehr ein Lokal, das ihnen quasi gehörte, sondern nun ein ganztägig stark frequentierter Ort, in dem nicht mehr ein Künstlerkreis das Zentrum bildete, sondern allenfalls eine Randgruppe darstellte, die nur wenige Tische besetzte.

Dessen ungeachtet aber wurde Josty rasch zu einem Lokal, wo sich Künstler und Geistesschaffende verabredeten, wenn sie um

Blick von der Terrasse des Café Josty auf den Potsdamer Platz. Aufnahme von 1929. In der Mitte des Platzes steht nun Berlins erster Verkehrsturm mit einer Ampelanlage und der berühmten »Normaluhr«.

den Potsdamer Platz zu tun hatten, in dem Treffen mit »Abnehmern« stattfanden und wo man einfach mal hinging, um den Blick von der Terrasse zu genießen oder Gästen von außerhalb den »tosenden« Potsdamer Platz zu zeigen.

Wie stark diese Faszination war, wird etwa in einem Gedicht des expressionistischen Lyrikers Paul Boldt deutlich, das er 1912 in Franz Pfemferts Zeitschrift *Die Aktion* veröffentlichte, getitelt *Auf der Terrasse des Café Josty*. Dort heißt es zu Beginn:

> Der Potsdamer Platz in ewigem Gebrüll
> Vergletschert alle hallenden Lawinen
> Der Straßentakte: Trams auf Eisenschienen,
> Automobile und den Menschenmüll.
> Die Menschen rinnen über den Asphalt,
> Ameisenemsig, wie Eidechsen flink.
> Stirne und Hände, von Gedanken blink,
> Schwimmen wie Sonnenlicht durch dunklen Wald.

Dieser Potsdamer Platz wurde von den Bomben des Zweiten Weltkriegs zerstört. In den folgenden Jahrzehnten der geteilten Stadt wurde aus ihm ein Niemandsland mit durchlaufender Mauer. Als diese endlich fiel, begann die Neugestaltung des Platzes. Im 1996 eröffneten Sony-Center findet sich heute wieder ein Café Josty, an fast der gleichen Stelle wie das alte gelegen. Dort erinnern die Gastronomen auch an die große Tradition des Namens.

ROMANISCHES CAFÉ

Wartesaal des Genius und Künstlerbörse

Im Feuer des Ersten Weltkriegs war die alte Berliner Boheme endgültig untergegangen. Wer einst mit exzentrischer Lebensform sein Domizil im »Café Größenwahn« gehabt hatte, der musste sich nun einordnen in ein neues, durch technische Innovationen, zunehmende Kommerzialisierung und »neue Sachlichkeit« geprägtes Lebensgefühl der zwanziger Jahre, das zudem neue Kommunikationsformen der Künstler mit sich brachte.

Die »Alten« registrierten solche Entwicklung mit Wehmut und Bitterkeit. Als Erich Mühsam nach über fünf Jahren Festungshaft wegen seiner führenden Rolle während der Münchner Räterepublik 1924 amnestiert wurde und nach Berlin zurückkehrte, hielt er bald darauf fest: »Die Boheme, derer ich mich erinnere, lebt nicht mehr, und sie wird dadurch nicht lebendig, daß von solchen, die sich heute Boheme dünken, ihre Gesten kopiert werden.« Und weiter: »Die Meinungsbörse im Romanischen Café wird im Ernst wohl niemand als den Sammelplatz freier Geister, aus Protest Entwurzelter und freiwillig Abseitiger ansehen, der das alte Café des Westens gekannt hat. [...] Einst suchte ich es auf, um zwischen dichterischer Arbeit und werbendem Eifern für eine Idee den Geist mit spielerischer Akrobatik von Witz, Aperçu, Abstraktion, Kritik und schlagfertiger Bosheit elastisch zu halten, ihn mit anderen Gedanken zu beschäftigen und zu kneten, als der ernste Teil des Tages von ihm verlangte; heute, kommt mir vor, ist das Foyer zur Szene geworden, das Café zur Brutstätte eines katechisierten Radikalismus, dem es an jeder schöpferischen Radikalität gebricht.«[27]

Aus Protest Entwurzelte oder freiwillig Abseitige waren die meisten Vertreter der jungen Künstlergeneration der zwanziger Jahre freilich nicht mehr. Sie identifizierten sich sehr wohl, zumindest in den ersten Jahren, mit den Zielen, die die Weimarer Republik verkündet hatte. Und sie postulierten in ihren Werken das neue Lebensgefühl, den Aufbruch nach Jahrzehnten lähmender wilhelminischer Herrschaft.

Der Kunstmarkt veränderte sich, mit der rapide wachsenden Zahl von Schriftstellern, Journalisten und bildenden Künstlern stand nun neben der Produktion parallel die Aufgabe, diese gezielt »an den Mann zu bringen«. Dass derart veränderte Bedingungen auch die Kommunikationssphäre durchschlagend verändern mussten, war die notwendige Folge. Insofern ist Mühsams zitierte Äußerung tatsächlich zu relativieren. Man konnte im Künstlercafé der zwanziger Jahre nicht mehr wie anno 1905 lediglich »zwischen dichterischer Arbeit und werbendem Eifern für eine Idee« den Geist »elastisch« halten, jetzt kam es vielmehr darauf an, hier Kontakte zu knüpfen, die materielle Existenz zu sichern und auch beim gestiegenen »Angebot« an Künstlern auf sich aufmerksam zu machen. Was ganz und gar nicht heißen soll, dass Witz, Aperçu und schlagfertige Bosheit von den Marmortischen verschwunden wären.

Ein im Jahr 1916 von dem Kaufmann Karl Fiering eröffnetes Kaffeehaus vis-à-vis der Gedächtniskirche wurde ab Ende 1918 zum bevorzugten Berliner Künstlertreffpunkt: das Romanische Café, so genannt nach dem großen, in neoromanischem Stil erbauten Geschäftshaus zwischen Tauentzien- und Budapester Straße, in dem es sich befand. Das Lokal war wesentlich größer als das alte

Blick auf den Auguste-Victoria-Platz (heute Breitscheidplatz), dominiert von der Kaiser-Wilhelm-Gedächtniskirche. Links davon erkennt man das Gebäude des Gloria-Palasts mit dem Café Regina, rechts unten das Dach des Romanischen Hauses, dort im Erdgeschoss befand sich das gleichnamige Café. Luftbild von 1931.

»Café Größenwahn«, es fasste mehrere hundert Gäste und hatte ein ausgesprochen hässliches Interieur. Günther Birkenfeld, einer der jungen Literaten im »Romanischen«, von dem auch das Epitheton »Wartesaal des Genius« stammt, hat eine schöne Beschreibung geliefert:

»Das Lokal selbst war so farblos und frostig wie sein Name, abgeleitet von der spätwilhelminischen Romanik rund umher. Hier traf sich alles, was zwischen Rejkjavik und Tahiti von Beruf oder aus Liebhaberei mit den Musen und Grazien in irgendei-

Das Romanische Haus. *Zeichnung von Leonhard Frank, um 1920.*
Der Schriftsteller, einst Stammgast im Café des Westens, hatte den »Umzug«
der Künstler ins Romanische Café mit initiiert.

ner Beziehung stand. Schräg gegenüber der Drehtür ein Büffet, das sich an architektonischer Abscheulichkeit und kulinarischer Geschmacklosigkeit mit jedem Wartesaal Preußens messen konnte. Darüber eine der wagenradförmigen Kronen, Serienproduktion im standardisierten Makartstil. Und das in einem Lokal, in dem Slevogt, Orlik und Mopp täglich ihren Kaffee tranken!«[28]

Sehr bald erkannte Herr Fiering, dass der verstärkte Zuzug der Künstlergemeinde seinem Lokal zu vermehrter Prosperität verhalf. Er engagierte nach dem Vorbild des alten Cafés des Westens einen extra Zeitungskellner und hatte auch nichts dagegen, dass viele der neuen Besucher sehr wenig verzehrten. Nur in krassen Fällen – zehn Stunden bei einer Tasse Kaffee etwa – konnte es passieren, dass der Gast den »Ausweis« bekam. Dann legte der Geschäftsführer ein gedrucktes Kärtchen neben die Tasse: »Sie werden gebeten, unser Etablissement nach Bezahlung Ihrer Zeche zu verlassen und nicht wieder zu betreten.«[29] Der Portier des Cafés, Herr Nietz, wachte an der Drehtür streng darüber, dass solche »Ausgewiesenen« erst dann wieder Eintritt erhielten, wenn das Lokalverbot aufgehoben war.

Das Essen im »Romanischen« war ausgesprochen schlecht, doch ohnehin nur für zufällige Besucher gedacht, denn, so Herr Fiering: »Das ist nur für die Laufkundschaft. Meine Stammgäste essen woanders, wenigstens die, die Geld haben. Und die, die kein Geld haben, essen höchstens zwei Eier im Glas. Und auch die werden noch geteilt.«[30]

Außenansicht des Romanischen Cafés mit der nach vorn offenen verglasten Terrasse. Aufnahme von 1929.

Damit ist bereits etwas Wichtiges über das Romanische Café gesagt: Es war kein Ort dauernden Aufenthalts, ganztägigem Lebens im Lokal, wie ehedem das Café des Westens. Ausnahmen wie etwa John Höxter, der ebenfalls »umgezogen« war, bestätigten nur die Regel. Hier traf man sich für zwei, drei Stunden, um etwas zu besprechen, neueste Ereignisse oder Projekte zu diskutieren oder dem Schachspiel zu frönen. Es herrschte ein ständiges Kommen und Gehen – aus dem einstigen Refugium Künstlercafé war ein Umschlagplatz, ja eine regelrechte Börse geworden. Und natürlich ein »Wartesaal«, wo junge, noch unbekannte Kräfte auf Bekanntschaften hofften, im besten Fall auch auf Mäzene.

Je mehr Künstler nach Berlin strömten, desto voller und verrauchter wurde es im Romanischen Café. Zu Beginn der zwanziger Jahre nannten es die Stammgäste noch etwas sarkastisch »Rachmonisches Café« (nach dem hebräischen Wort für erbarmungswürdig), doch schon um 1925 hatte das Lokal seine endgültige Berühmtheit erlangt. Damals erschien in der Buchreihe *Was nicht im Baedeker steht* auch ein Band über Berlin. Unter vielen Attraktionen wurde dem Besucher der Stadt das Romanische Café wie folgt empfohlen: »Das Romanische bietet sozusagen einen ›Querschnitt‹ Berlins, womit aber nicht angedeutet werden soll, daß sämtliche Mitarbeiter dieser vielgelesenen [von Alfred Flechtheim herausgegebenen] und amüsanten Zeitschrift aus dem Romanischen stammen. (Die meisten allerdings, ja.) Es gibt hier nicht nur zukünftige Künstler und erklärte Boheme. Von literarisch empfindenden Inseratenagenten bis zu beliebigen Scheidungsanwälten und anerkannten Irrenärzten findet man allerlei Leute.«[31]

Die Räumlichkeiten des Cafés waren nach einer ungeschriebenen Hierarchie aufgeteilt. Trat man durch die fast unentwegt ro-

Romanisches Café: Blick in das »Nichtschwimmerbassin«. Es herrscht Hochbetrieb, kaum ein freier Platz ist verfügbar. Aufnahme von 1930.

tierende Drehtür, vorbei an der Loge von Portier Nietz, so befand sich linker Hand der kleinere, fast quadratische Raum mit etwa zwanzig Tischen. Er wurde »Bassin für Schwimmer« genannt und war bereits bekannten und arrivierten Persönlichkeiten vorbehalten. Von hier führte eine geschwungene Treppe zur Galerie empor, wo sich diverse »Spielertische« für Schach- und Damepartien befanden, stets umlagert von einer Traube ebenso neugieriger wie kritischer Kiebitze. Rechts vom Eingang lag ein großer rechteckiger Raum mit etwa sechzig Tischen, genannt »Bassin für Nichtschwimmer«. Hier versammelte sich die

Romanisches Café. *Zeichnung von Rudolf Grossmann, 1927.*

Schar der jungen Hoffnungsvollen. Freilich gab es auch Ausnahmen: So befand sich etwa der Malerstammtisch um Emil Orlik gleich vorn im »Nichtschwimmerbassin«.

Die große verglaste Außenterrasse des Cafés, mit Blick auf die Gedächtniskirche, war fast ausnahmslos von Touristen und Neugierigen bevölkert, die dann oft auch durch die Innenräume schlenderten und anwesende Berühmtheiten auszumachen versuchten.

Paul Marcus hat die Atmosphäre im Café Ende der zwanziger Jahre trefflich geschildert:

»Freilich, es ist eine andere Boheme, die Boheme um 1929 – gewissermaßen eine Boheme der Praxis und nicht der Ideale. Business, das Schlagwort der Zeit, hat auch sie ergriffen. Und sie sind nicht mehr so wahnwitzig, die Ilias zu deklamieren, Trilogien in Hexametern zu dichten, Idylle à la Raffael zu malen: Photograph, Pressezeichner, Reporter, Conferencier, Filmschau-

John Höxter im Romanischen Café. Als »ewiger« Bohemien und liebenswürdiger Schnorrer war er bereits Dauergast im Café des Westens gewesen. Aufnahme von 1929.

spieler – das sind ihre Ziele. Und die Frage dieser merkwürdigen Mischung aus Kunst und Geschäft ist: ›Wieviel Emm jibts denn dafür?‹ – Das Pumpen wird nämlich immer schwieriger. Ein Querschnitt durch das Romanische Café, Hochburg der Berliner Boheme seit ihrem Auszug aus dem ›Größenwahn‹, ist Beweis genug: Die Boheme lebt – nur grundverschieden ist sie von der Vorkriegszeit.

Acht Uhr morgens: Das Café blitzblank. Zeitungen aus aller Welt flattern ins Regal. Zwei Nachtbummler schlürfen den ersten ›Aufguß‹, die Kassiererin gähnt und schimpft übers Frühaufstehen. Ein obdachloser Maler kommt frisch aus dem Wartesaal Zoo.

Romanisches Café: Die beiden Piscator-Dramaturgen (v.l.) Felix Gasbarra und Leo Lania diskutieren ein neues Theaterprojekt. Am Nachbartisch »kiebitzt« der ewige Schnorrer John Höxter. Aufnahme von 1925.

Neun Uhr: Ein verhutzeltes Männlein stürmt herein, blättert in einem Norddeutschen Landboten: ob sein Artikel dort erschien? Ein paar Zufallsgäste bestellen Eier im Glas. Im Hintergrund halten die Kellner Nummer 16, 4 und 9 eine Konferenz über gestern geprellte Zechen.

Zehn bis ein Uhr: Die Unwichtigen tropfen langsam ins Café. Je drei ein Kaffee (die Financiers kommen erst später), dafür aber ein Scheiterhaufen von Zeitungen, von Zürich bis Hamburg. Ausschau nach Glosseneinfällen. Einer rasiert sich auf Pump in der Toilette, will sicher seine Reportage ›Die Telephongebühren im klassischen Altertum‹ an den Redakteur bringen. Schlecht geschminkte Mädchen, denen die auf zwei Stühlen ver-

Im Gebäude des Gloria-Palasts befand sich unten das Café Regina mit seiner ausgedehnten Terrasse. Es lag schräg gegenüber dem »Romanischen«, die Blickachse durch die Gedächtniskirche unterbrochen. Aufnahme von 1928.

brachte Nacht aus den Augen leuchtet, schnorren Fünfpfennigzigaretten. Der Bruder eines prominenten Namens verlangt Aspirin, er hat die Grippe. Mit einem Mal fliegen alle Köpfe hoch: ein Karikaturist hat sich ein Schnitzel bestellt; 2,50 Mark!!! Und die anderen sind froh, die 50 Pfennige für die Tasse Kaffee, mit Macherlohn 55, flüssig zu haben. Sonst Krach mit dem Geschäftsführer: ›Der Herr schon gehabt?‹

Zwei bis vier Uhr: Na, schon etwas bessere Namen. Leute mit festen Gagen, frisch von Kempinski, nur noch einen Mokka dazwischen und 'nen Kiek in die Zeitung. Nietz, der Allgewaltige, erscheint und nimmt grinsend seinen Zerberusplatz an der Drehtür ein. Die rotiert jetzt unaufhörlich, schaufelt neue Gäste

*Romanisches Café: Der Verleger Bruno Cassirer in angeregter Diskussion mit Max Slevogt und dem Bildhauer Hans Dammann.
Zeichnung von Emil Orlik, 1926.*

in die Bude. Eine Goldgrube. Hinten sucht der Gebrauchslyriker K. einen Reim auf ›sex appeal‹, wobei er ›viel‹ und ›Nil‹ schon verwendet hat. Nummer 12 sind soeben ein paar Setzeier durchgegangen, mit Butter und Harzerwasser obendrein. Höxter, der Dante, storcht durch den großen Saal und die Konditorei, kassiert an drei Tischen seine obligaten 50 Pfennige.

Vier bis sieben Uhr: Um vier Uhr ist Kellnerablösung. Ei Potz: Fünf können nicht zahlen. ›Wir erwarten jemand mit Geld – aber Sie kennen uns doch – bitte schön, wie Sie wollen, die Goldfeder bleibt als Pfand – oder geben Sie uns noch 'ne Mark raus, und wir sind quitt.‹ Auf der Galerie steigen die ersten Schachpartien. Der polnische Schachmeister bietet mit dem Rössel Schach und Gardez zugleich und gewinnt seine ersten 20 Pfennige, bis zehn wird es schon ein Abendbrot werden. Der Münzfernsprecher ist dauernd besetzt, der andere seit 14 Tagen kaputt. Tobsuchtsanfälle an der Zelle. Kein Gespräch unter 25 Minuten. Ein Weißhaariger verschachert zwei Theaterkarten. In eine Ecke gedrückt, flirtet junge Liebe bei Zitronenlimonade. Und bumsvoll. Wer nennt die Namen? Dem bürgerlichen Besucher stockt der Atem – schon wegen der verqualmten Luft. Ein Hilfsregisseur engagiert. An einem Tisch neben der Heizung wird soeben ein hypermodernes Theater gegründet, vis-à-vis die satirisch-philosophisch-polemische Zeitschrift ›Der elfte Finger‹ aus der Taufe gehoben. Die ersten zwölf Nummern versprechen garantierte Millionenverdienste – erscheinen aber nie. Höxter kassiert an sechs Tischen seine obligaten 50 Pfennige.

Sieben bis zwölf Uhr: Deutsche Beefsteaks werden gewagt – Stunden noch vor der Ablösung. Starke Nachfrage nach übrig gebliebenen Schwarzbroten. Heißer Kampf um Kinofreikarten. Ein Wespenschwarm um den Redakteur eines Boulevardblattes. ›Bringen Sie mir!‹ Nietz bedauert, nicht zwei Mark bis morgen pumpen zu können. Bis Kinoschluß ist der Betrieb flau. Dann füllt sich's wieder. Höxter kassiert an neun Tischen seine obligaten 50 Pfennige.

Von zwölf bis drei: Es flaut wieder ab. Zwei Fracks zeigen großen Toiletten Boheme. Ein Luftballon schaukelt bunt im literarischen Qualm. Die Wohnungslosen versuchen mit Eifer das letzte. Um Punkt drei Uhr wird das Café unwiderruflich und ohne Rücksicht auf die ungelösten Welträtsel geräumt.

Am nächsten Tag fährt um zwölf Uhr ein Auto von Käse's Rundfahrten um die Gedächtniskirche. Der Führer schreit: ›Meine Damen und Herren, Ladies and Gentlemen, Mesdames et

Messieurs – und rechts sehen Sie das Romanische Café, den Olymp der brotlosen Künste, den Sitz der Berliner Boheme.‹«[32]

Schon kurz nach der Eröffnung 1917 hatte Max Slevogt im Romanischen einen Malerstammtisch ins Leben gerufen. Ab 1919 fanden sich hier regelmäßig Emil Orlik, Max Oppenheimer, Willy Jaeckel und Rudolf Grossmann ein – dazu, wenn es seine Geschäfte als Präsident der Preußischen Akademie der Künste erlaubten, Max Liebermann. Auch Galeristen und Kunstverleger gehörten zu diesem Kreis, vor allem Alfred Flechtheim und Bruno Cassirer. In seinem *Buch von Berlin* hat Eugen Szatmari ihnen 1927 einen eigenen Abschnitt gewidmet:

»Um mit denen zu beginnen, die sozusagen Renommiergäste dieses einzig dastehenden Lokals sind – muß ich die bildende Kunst an die Spitze stellen und mit dem Cassirertisch anfangen. Bruno Cassirer, der bekannte Kunstverleger und Rennstallbesitzer, ist Stammgast, vertritt aber hier nicht das Kapital, sondern die Kunst, und überläßt den Vorsitz am Tisch Max Slevogt, während Emil Orlik mit Rudolf Grossmann um die Wette skizziert. Auch Otto Dix taucht manchmal auf, und auch Pechstein, Rudolf Levy und Lederer lassen sich gelegentlich sehen, während die Reportagezeichner der großen Zeitungen allabendlich hier sitzen und Kritiken voll galligen – nicht gallischen – Geistes von sich geben. Godal, Conny und Fodor politisieren um die Wette, auch der Zeichner Dolbin gesellt sich zu seinen Kollegen.«[33]

Emil Orlik, der »Mann mit der kleinen dunklen Malerkappe auf dem Kopf, mit graumeliertem ›Eduard-von-England-Bart‹« (wie ihn Claire Waldoff einmal beschrieb[34]), hatte bereits während der Kriegsjahre die Kunst der Porträtskizze und -karikatur zu neuer Blüte erhoben. Nun traten Künstler wie Rudolf Gross-

Romanisches Café: Max Slevogt (Mitte) und Emil Orlik (rechts) im Gespräch mit einem (nicht identifizierten) Kollegen. Aufnahme von 1929.

mann, Max Oppenheimer (Mopp) und Benedikt Fred Dolbin ebenbürtig an seine Seite. Wo konnte man die Berühmtheiten der Zeit besser beobachten und auf dem Zeichenblock festhalten als im »Romanischen«? Da die Presse zunehmendes Interesse an derartigen Porträts zeigte, entwickelte sich diese Kunstrichtung zu einem typischen Produkt der zwanziger Jahre. Einer der im Café von Dolbin Porträtierten, der Schriftsteller Alfred Polgar, hat das Charakteristikum von dessen zeichnerischer Sehweise zu beschreiben versucht:

»In kurzem: Die Art dieses Karikaturisten ist die des Kritikers, und zwar des wortgeizigen Kritikers, der aus hundert Zeilen

Alfred Polgar. Porträtzeichnung von Benedikt F. Dolbin, 1924.

Alfred Flechtheim. Porträtzeichnung von Emil Orlik, 1925.

eine macht. Ich grüße ihn als Bruder im Geiste. Daß er das Œuvre der Schreibenden, die er da gezeichnet hat, genau kennt, glaube ich nicht. Es sieht nur manchmal so aus, als ob er einen Kopf durch das Medium der Literatur, die der Kopf ausgeschwitzt hat, betrachtet, gewissermaßen also in den Vater auch das Kind hineingezeichnet hätte. Mehr hat die Hypothese für sich, daß Dolbin im Antlitz intuitiv das Werk errät, das dort (wie das Blümelein in der Knospe) schlummert, und es aus den Zügen hervorblühen läßt. Betrachten Sie zum Beispiel im Gesicht Alfred Polgars das Weichliche, Verschwommene, Verzwickte. Kein gerader Strich in der ganzen Physiognomie. Er ist ein gefährlicher Mann, der Zeichner Dolbin, seine Tinte mit Schwefelsäure versetzt, sein Bleistift scharf und fixiert im Griff wie ein Apachenmesser.«[35]

Alfred Flechtheim, der engagierte Förderer zeitgenössischer Kunst, saß oft zigarrenrauchend am Malerstammtisch. Er war bekannt für seine Schlagfertigkeit. Eines Tages klagte Edmund Reinhardt, der Bruder von Max Reinhardt und Geschäftsführer von dessen Theaterunternehmungen: »Wenn Sie wüssten, Flechtheim, was es bedeutet, vier Theater am Leben zu erhalten! Jeden Tag, wenn ich in der Frühe aufstehe, muß ich 20 000 Mark auf den Tisch blättern!« »Wie wäre es«, fragte Flechtheim darauf, »wenn Sie einfach im Bett bleiben würden?«

Als ihn ein junger Mann am Tisch mit dem Plan überfiel, eine Zeitschrift zu gründen – »Herr Flechtheim, ich habe eine geniale Idee. Ich dachte, wir machen das Ding zusammen, Sie geben das Geld, und ich liefere den Geist« –, schmunzelte Flechtheim: »Also das Geld hätte ich, aber woher wollen Sie den Geist nehmen?«

Nach der Premiere von Horváths Stück *Italienische Nacht*, das Flechtheim überhaupt nicht zugesagt hatte, verteidigte der Autor sein Werk: »Ein Stück muß volkstümlich sein. Meine Stücke können überall gespielt werden, auch in Kyritz an der Knatter!« »Nur in Kyritz an der Knatter«, beendete Flechtheim den Disput – hiermit hatte er sich allerdings entschieden geirrt.[36]

Géza von Cziffra, später Regisseur erfolgreicher Unterhaltungsfilme, hat berichtet, wie er 1923 als junger Autor und Journalist, nicht vertraut mit den ungeschriebenen Gesetzen des Romanischen Cafés, an dem berühmten Malerstammtisch Platz nahm:

»Ich setzte mich rechts in die Nichtschwimmerabteilung gleich neben der Drehtür an den einzigen leeren Tisch. Ich ahnte nicht, daß dieser für die prominenten Maler Liebermann, Slevogt, Orlik, Carl Hofer und andere nicht minder berühmte reserviert war. Kaum hatte ich mich gesetzt, betrat mit vorsichtigen Schritten ein alter Herr das Café, sagte ›Tach!‹ und setzte sich zu

Als Präsident der Preußischen Akademie der Künste hatte der Maler Max Liebermann häufig repräsentative Aufgaben wahrzunehmen. Das Foto zeigt ihn gemeinsam mit Käthe Kollwitz und weiteren Jury-Mitgliedern im Akademiegebäude am Pariser Platz bei der Vorbereitung der Herbstausstellung 1927.

mir. Dann musterte er mich prüfend und fragte in unverfälschtem Berlinerisch: ›Wessen Sohn sind Se, mein Junge?‹ ›Meines Vaters Sohn‹, antwortete ich etwas gereizt, weil ich die Frage albern fand. Der alte Herr lachte: ›Ick wollte Ihnen ja nich beleidjen, ick dachte nur, Se müssen der Sohn sein von einem Stammtischbruder. Von Slevogt oder so.‹ Ich hatte keine Ahnung, wer dieser Slevogt war, konnte aber nichts mehr fragen, da ein dienstfertiger Kellner zum Tisch stürzte und den alten Herrn begrüßte: ›Oh, Herr Professor! Sie waren aber lange nicht mehr bei uns!‹ ›Wenn man uff de Achzich zujeht, liegt Wannsee am Ende der Welt‹, sag-

Namhafte Berliner Kulturjournalisten in einer Fotomontage von 1926. Obere Reihe von links: Erich Dombrowski (Frankfurter Generalanzeiger), *Julius Elbau* (Vossische Zeitung), *Emil Faktor* (Berliner Börsen-Courier), *Egon Erwin Kisch* (für verschiedene Blätter schreibend), Eugen Szatmari (8-Uhr-Abendblatt) *und Karlernst Werle* (Tägliche Rundschau); *mittlere Reihe von links: Leo Heller* (8-Uhr-Abendblatt), *Karl Vetter* (Berlin), *Willy Haas* (Literarische Welt), *Alfred Kerr* (Berliner Tageblatt) *und Kurt Pinthus* (8-Uhr-Abendblatt); *unten von links: Stefan Grossmann* (Das Tagebuch), *Norbert Falk* (B. Z.), *Egon Jacobsohn* (B. Z. am Mittag) *und Siegfried Jacobsohn* (Die Weltbühne).

te der alte Mann und fügte noch hinzu: ›Eenen Cognac ha' ick verdient.‹ ›Einen Cognac‹, wiederholte der Kellner und fragte dann den alten Herrn: ›Und der junge Herr?‹ ›Det müssen Se ihn selber fragen.‹ Der Kellner staunte: ›Gehört er nicht zu Ih-

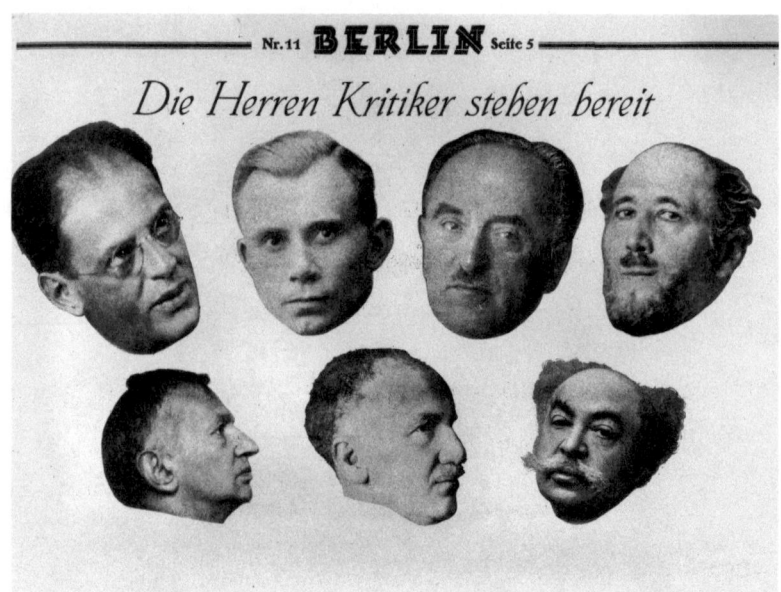

Fotomontage im Berliner Wochenspiegel, *1928. Zu Beginn der neuen Spielzeit werden Berlins führende Theaterkritiker im Konterfei vorgestellt: obere Reihe von links: Stefan Grossmann* (Das Tagebuch), *Herbert Jhering* (Berliner Börsen-Courier), *Norbert Falk* (B.Z.) *und Alfred Kerr* (Berliner Tageblatt); *unten von links: Felix Hollaender* (Vossische Zeitung), *Fritz Engel* (8-Uhr-Abendblatt) *und Alfred Holzbock* (Berliner Morgenpost).

nen, Herr Professor?‹ Der alte Herr schüttelte den Kopf: ›Nee. Er saß hier am Tisch, als ick 'rinkam.‹ Der Kellner schnappte nach Luft: ›Das ist hier ein höchstreservierter Tisch! Setzen Sie sich bitte anderswohin.‹ – Erst am nächsten Tag erfuhr ich, wer der alte Herr gewesen war: Max Liebermann.«[37]

Von den zahllosen Liebermann-Anekdoten sei hier jene wiedergegeben, die der Schauspieler Fritz Kortner oft selbst erzählt hat: »Einmal wollte ich das Romanische Café gerade verlassen, als Piscator durch die Drehtür hereinkam. Ich blieb stehen und wechselte einige Worte mit ihm. Wir standen in der Nähe

Der Kritiker. *Holzschnitt von Karl Rössing, 1932.* »Kritikerpapst« Alfred Kerr mit seiner spitzen Feder steht hier stellvertretend für alle Vertreter der Zunft.

des Slevogt-Orlik-Tisches, der an diesem Tag einen prominenten Besucher hatte, Professor Max Liebermann. Ich hörte, wie Slevogt zu dem alten Herrn sagte: ›Den müßtest du mal malen, Max, den Kortner. Ich kenne ihn sehr gut, wenn du willst, rede ich mit ihm. Er soll mal zu dir ins Atelier kommen, Modell sitzen.‹ Liebermann winkte ab: ›Det Jesicht kenn ick doch auswendich. Er braucht mir nich im Atelier zu sitzen, den piß ick im Freien in den Schnee.‹«[38]

Das Café als Markt und Börse funktionierte am besten an den Tischen der Zeitungsleute. Berlin verfügte damals über eine große Zahl brillanter Feuilletonredakteure, Kulturjournalisten und Kritiker. Neben ihrer eigenen Produktion waren sie stets auch auf der Suche nach interessanten neuen Mitarbeitern und Beiträgen. Das Romanische Café wurde zur »Zentrale« für solche Kontakte. Ob für die Blätter der drei dominierenden Medienkonzerne Ullstein, Mosse und Scherl, für die Presseorgane der großen Parteien oder für unabhängige Zeitungen und Zeitschriften wie den *Berliner Börsen-Courier*, *Die Weltbühne* oder *Das Tagebuch* tätig – die namhaften Kulturjournalisten Monty Jacobs und Max Osborn, Egon Jacobsohn und Fred Hildenbrandt, Kurt Pinthus und Richard Katz, Lothar Brieger und Paul Marcus, Bruno Frei und Alfred Durus, Stefan Grossmann und Frank Warschauer gehörten ebenso zu den Dauergästen im »Romanischen« wie die Kritiker Herbert Jhering, Julius Bab oder Bernhard Diebold.

Nur Alfred Kerr kam selten, er fürchtete wohl, dass viele der von ihm oft verletzend attackierten Autoren, Regisseure und Schauspieler öffentlich mit gleicher Münze antworten könnten. Einmal freilich kam es zum Austrag solch eines Renkontres. Als Kerr das äußerst erfolgreiche Stück *Die tote Tante* von Curt

Romanisches Café: Noch sitzt Berlins führender Kunstkritiker Paul Westheim allein am Tisch. Aufnahme von 1925.

Goetz total verrissen hatte, sprach Goetz kein Wort mehr mit dem Kritikerpapst. Wenn er ihn auf der Straße traf, lüftete er nur wortlos den Hut. Kerr reagierte ebenso. Einige Zeit später begegneten die beiden sich zufällig in einer Tischrunde des Romanischen Cafés. Es ergab sich, dass von den weiteren drei Herren am Tisch zwei sich verabschiedeten und der dritte ans Telefon gerufen wurde. So saßen Goetz und Kerr plötzlich allein da. Kerr lächelte mokant vor sich hin, Goetz starrte ihn feindselig an, bis er dann doch sein Schweigen brach: »Ich benutze die günstige Gelegenheit, Sie zu fragen, ob es Ihnen schon aufgefallen ist, daß ich seit Wochen keinen einzigen Satz mit Ihnen gesprochen habe?« »Das ist mir aufgefallen«, bestätigte Kerr, »und ich wollte gerade die günstige Gelegenheit nutzen, Ihnen dafür

Leopold Schwarzschild, Herausgeber der Zeitschrift Das Tagebuch, *posiert vor der Terrasse des Romanischen Cafés. Aufnahme von 1925.*

zu danken!«[39] Solcherart geschliffene Aperçus wurden an den Nachbartischen begierig aufgeschnappt und natürlich danach entsprechend kolportiert.

Die Presse hatte damals großen Einfluß auf die kulturelle Landschaft der Stadt. Hier konnten Bücher, Theaterstücke und einzelne Künstler über Nacht »gemacht« werden. Der Berliner las in der Regel zuerst das Urteil »seines« Feuilletons, und das wog schwer für die Meinungsbildung. 1931 erschien bei Rowohlt ein Roman, der in ironischer Zuspitzung einen solchen Fall vorführte: *Käsebier erobert den Kurfürstendamm* von Gabriele Tergit (Pseudonym der jungen Autorin Elise Reifenberg). Hier findet sich auch eine treffende Schilderung der Welt des »Romanischen«, aus Sicht der dort zahlreich verkehrenden jungen Künstler, denen am Ende kein Erfolg beschieden sein sollte:

»Das Romanische Café ist sehr schmutzig. Erstens ist es trotz seiner großen Fensterscheiben so angeräuchert, wie es für eine Stätte des Geistes notwendig ist, zweitens ist es schmutzig durch die Manieren seiner Bewohner, die unausgesetzt Überreste ihrer Raucherei auf den Fußboden werfen. Drittens aber durch die ungeheure Frequenz.

Nach Berlin kommt man, um eine Stellung zu finden, um Musik zu machen und um zu malen, Theater zu spielen, zu schreiben, Regie zu führen, zu bildhauern und Autos zu verkaufen, Bilder, Grundstücke, Teppiche, Antiquitäten; um Läden aufzumachen, Schuhläden, Kleiderläden, Parfümläden; um zu darben und zu studieren. Sie alle sitzen im Romanischen Café, erst im Nichtschwimmerbassin, [einige dann auch – d. A.] später im Schwimmerbassin: Sie alle sprechen und schimpfen.«[40]

Im selben Jahr wie Gabriele Tergit schrieb Peter de Mendelssohn das autobiographisch gefärbte Buch *Fertig mit Berlin?*. Darin unternimmt der gerade zweiundzwanzigjährige Autor den Versuch, die »Überwindung einer Jugend« zu schildern. An einer Stelle sitzt Mendelssohns Ich-Erzähler, wie fast täglich, im Romanischen Café und reflektiert:

»Es erschien mir, als habe das Café heute etwas besonders Merkwürdiges an sich. Es war fast ein Uhr, das Lokal war noch gestopft voll. Ein dicker Dunst von Zigarettenrauch lag über den Gästen und ließ selbst den riesigen Spiegel an der Hinterwand des großen Raumes fast erblinden. Ich entdeckte viele

Schachweltmeister Emanuel Lasker. Porträtzeichnung von Max Oppenheimer (Mopp), 1924.

bekannte Gesichter. Sonst waren sie mir immer gleichgültig gewesen, heute schien es, als wolle jedes einzelne irgendeine Erinnerung wachrufen. Mit jedem dieser zwei Dutzend Menschen, die ich da im Vorbeigehen begrüßte, hatte ich irgend etwas erlebt, eine kleine Szene, eine Auseinandersetzung, einen Abend in irgendeinem finsteren Lokal, ein Gespräch über Literatur, einen mehr oder minder erfolglosen Pumpversuch. Alle schienen sie mich heute daran erinnern zu wollen.«[41]

Neben Malern, Zeichnern und Journalisten waren es vor allem die Schriftsteller, welche das Romanische Café berühmt machten. Kaum einer der damals in Berlin lebenden Autoren, der nicht regelmäßig oder zumindest gelegentlich hier anzutreffen war – von Arnolt Bronnen bis Carl Zuckmayer, von Walter Hasenclever bis Alfred Döblin, von Hans J. Rehfisch bis Ferdinand Bruckner, von Bertolt Brecht bis Arnold Zweig. Ob man bereits ein »gestandener« Autor war oder noch auf seine Chance hoffte, hier konnte man den Presseleuten eben verfasste Gedichte und Kurzgeschichten offerieren, und man konnte mit den Lektoren der großen Buchverlage über Romanprojekte oder die Beteiligung an einer geplanten Anthologie verhandeln. Fritz Landshoff und Hermann Kesten vom Kiepenheuer Verlag waren ebenso gesuchte Gesprächspartner wie Franz Hessel von Rowohlt, Max Tau von Cassirer oder Max Krell von Ullstein.

Auf der »Spiele-Galerie« saßen indessen Roda Roda oder Brecht ins Schachspiel vertieft, oftmals in Gesellschaft keines Geringeren als des Schachweltmeisters Emanuel Lasker, eines Schwagers der Else Lasker-Schüler, welcher von 1894 bis 1921 die höchste Krone des Schachspiels innegehabt hatte und in Berlin ein populärer Mann war. Als Fritz Kortner 1925 im Theater an der Königgrätzer Straße die Hauptrolle in Arthur Schnitzlers Stück *Professor Bernhardi* spielte, ließ er sich vom Maskenbildner in ein genaues Konterfei Emanuel Laskers verwandeln.

Die anekdotenträchtigsten drei Literaten waren allesamt »Zugereiste«, die nur zeitweilig in Berlin weilten, dann allerdings fast täglich im Romanischen Café anzutreffen waren: der Prager Egon Erwin Kisch, der Wiener Anton Kuh und der Budapester Franz Molnar.

Molnar war einer der erfolgreichsten Dramatiker der zwanziger Jahre, seine Stücke, allen voran *Liliom*, liefen vor stets ausverkauften Häusern. Sein Landsmann Cziffra schrieb später: »Im Romanischen Café wurde er behutsam herumgereicht wie ein Juwel, denn er war ein geistreicher, witziger Grandseigneur, seine Bonmots trafen immer ins Schwarze. Über einen Journalisten, der als berüchtigter Lügner und Angeber galt, sagte er: ›Ein völlig unzuverlässiger Mensch. Er lügt so sehr, daß noch nicht einmal das Gegenteil davon wahr ist, was er erzählt!‹«

Franz Molnar verbrachte seine Berliner Tage schreibend im Hotel und plaudernd im Kaffeehaus. Letzteres jedoch nie vor

Romanisches Café: Der Schriftsteller Roda Roda (links) beim Schachspiel auf der »Spiele-Galerie«. Aufnahme von 1929.

1930 veröffentlichte die Hamburger Illustrierte *diese Liebeserklärung an Berliner Künstlerlokale. Abgebildet sind v. l. die Schauspielerin Grete Mosheim, die Tänzerin Eugenie Nicolajewna, der Schriftsteller Egon Erwin Kisch und der Starkomiker Paul Morgan.*

zwei Uhr nachmittags, denn so lange schlief er und war sehr verdrossen, wenn man ihn vorher weckte. Einmal jedoch musste ihn sein Verleger vor acht Uhr morgens aus dem Bett holen, weil Molnar vor dem Charlottenburger Amtsgericht als Zeuge zu erscheinen hatte. Mit Müh und Not brachte man ihn ins Taxi. Dort schlief er sofort wieder ein. Als er durch einen unsanften Ruck plötzlich wach wurde, blickte er verschlafen aus dem Fenster und sah die vielen morgendlichen Passanten auf den Gehwegen. Ungläubig schüttelte er den Kopf: »Sind das lauter Zeugen?«[42]

Einer Institution gleich kam im Romanischen Café der »rasende Reporter« Egon Erwin Kisch. In Eugen Szatmaris bereits erwähntem *Buch von Berlin* erhielt er 1927 einen eigenen Absatz:

»Daß Egon Erwin Kisch ein Stammgast des Romanischen Cafés ist, versteht sich von selbst. Er ist sogar ein Überstammgast, denn er nimmt allabendlich Gelegenheit, das ganze Gebiet abzugrasen und einen Cercle zu halten, bevor er dann zu Schwannecke hinübergeht, wo er sich ganz und gar der Politik des Tages widmet.«[43]

Anton Kuh. Porträtzeichnung von Emil Orlik, 1926.

Von den vielen Kisch-Anekdoten aus dem »Romanischen« hier einige Kostproben:

Egon Friedell und Alfred Polgar sitzen einige Tische von Kisch entfernt, der bewundernde Blicke zu Polgar hinüberschickt, aber durch dessen abweisendes Lächeln nicht wagt, ihn persönlich zu begrüßen. Dann erhebt sich Polgar und verlässt das Café, Friedell folgt ihm und wird von Kisch am Arm festgehalten: »Einen Moment, Herr Doktor, hat Polgar über mich geschimpft?« – »Im Gegenteil, er hat sogar sehr nett von Ihnen gesprochen.« – »Was hat er denn gesagt?« – »Er hat gesagt: Das ist doch reizend vom Kisch, daß er sich nicht zu uns setzt.«

Oder: Kisch wird im Romanischen Café von einem Individuum angesprochen, das ihn um eine Spende für unheilbare Trinker bittet. »Schön«, sagt Kisch, »was wollen Sie lieber: Kirsch oder Rum?«

Oder: Kisch und der Schriftsteller F. R. sitzen im Romanischen an einem Tisch. »Viel zu tun, was?«, fragt Kisch. »Ziemlich.« »Was schreibst du jetzt?«, forscht Kisch. »Ich schreibe an meinen Erinnerungen«, erwidert der Gefragte. »Bist du bald bei 1925 angelangt?«, erkundigt sich Kisch. »Warum 1925?«, staunt F. R. Darauf Kisch: »Damals borgte ich dir 50 Mark, und du hast sie mir bis heute nicht zurückgegeben.«[44]

Oder: Eines Tages hat Kisch ein Exemplar von Marx' *Kapital* vor sich auf dem Marmortisch liegen. Dies sieht Alfred Flechtheim und frotzelt: »Endlich ein Mensch, der mir die Problematik zwischen Kapital und Arbeit erläutern kann!« »Das ist ganz einfach«, erwidert Kisch. »Wenn Sie mir jetzt tausend Mark leihen, habe ich ein Kapital. Die Mühe, die Sie aufwenden müssen, um ihr Geld zurückzukriegen, das ist Arbeit.«[45]

Anton Kuh galt als Prototyp des neuzeitlichen Kaffeehausliteraten, in seiner Heimatstadt Wien ebenso wie bei seinen ausgedehnten Berlin-Aufenthalten. Stets in Geldnöten, war er als liebenswerter Schnorrer in aller Munde. Freilich reagierten nicht alle Freunde und Künstlerkollegen gleichermaßen freundlich auf die permanenten Pumpversuche im Romanischen Café, die außer von Höxter und Kuh noch von einer ganzen Reihe anderer Stammbesucher kamen. Dem Starkomiker Paul Morgan war dies gar Anlass, das Lokal weitestgehend zu meiden, wie er bei einer Umfrage mitteilte:

»Kommt man durch irgendeinen unvorhergesehenen Zufall ins Romanische Café und will dort ein Glas Tee trinken (ich trinke prinzipiell keinen Kaffee), so geht es einem meistens so, daß man zirka drei bis fünf Kaffee zu bezahlen hat, obwohl man nur ein Glas Tee getrunken hat. Und das muß man sowieso selbst bezahlen.«[46]

Doch zurück zu Anton Kuh. Er schrieb nur wenig, umso spitzer war er mit der Zunge. Seine meist zu mitternächtlicher Stunde im Theater am Kurfürstendamm stattfindenden freien Vorträge, bei denen Kuh auf satirische Weise Zeitereignisse aus Kunst und Politik kommentierte, waren berühmt. Leben konnte er davon freilich nicht, so dass manchmal gar ein Plagiat dringend nötiges Honorar herbeischaffen helfen musste. 1926 veröffentlichte Kuh im *Querschnitt* eine bereits vor vielen Jahren in Wien erschienene Kurzgeschichte von Egon Friedell unter seinem Namen. Der offene Brief des solchermaßen bestohlenen Friedell war wochenlang Gesprächsstoff auch im Romanischen Café:

»Sehr geehrter Herr, überrascht stelle ich fest, daß Sie meine bescheidene Erzählung *Kaiser Josef und die Prostituierte* unverändert, nur unter Hinzufügung der Worte: ›von Anton Kuh‹ im ›Querschnitt‹ veröffentlicht haben. Es ehrt mich selbstverständlich, daß Ihre Wahl auf meine kleine, launige Geschichte gefallen ist, da Ihnen doch die gesamte Weltliteratur seit Homer zur Verfügung gestanden hat. Ich hätte mich deshalb gern revanchiert, aber nach Durchsicht Ihres ganzen Œuvres fand ich nichts, worunter ich meinen Namen hätte setzen mögen.«[47]

Vielleicht, weil sie im Romanischen Café die Könige des Bonmots waren, konnten sich Kisch und Kuh nicht ausstehen. Als Kisch sich einmal in eine hitzige Literaturdebatte einmischte, an der auch Kuh beteiligt war, und für dessen Argumente eintrat, so dass der Streit zugunsten von Kuh ausging, reichte ihm dieser die Hand. Kisch ergriff sie mit den Worten: »Na denn, keine Freundschaft nicht!«[48]

Den Ursachen dieser Feindschaft versuchte Egon Jacobsohn auf den Grund zu kommen: »Der Kisch kann nicht auf das Schnorrertalent Kuhs eifersüchtig sein, denn er schnorrt ja nicht. Demnach kann nur Kuh auf Egon eifersüchtig sein, weil der, außer Pointen erzählen, auch schreiben kann, was er, der

Kuh, nicht kann.«[49] Ein Fehlurteil angesichts der geschliffenen Kurzprosa des Österreichers!

Es ist unmöglich, alle Stammtische und Freundeskreise des Romanischen Cafés hier näher zu beschreiben, die »Wöchnertische« etwa, an denen sich einmal pro Woche feste Runden trafen – Max Pallenberg, der gefeierte Charakterkomiker, residierte zusammen mit seiner Gattin, der Operettendiva Fritzi Massary, an einem solchen Tisch –, oder die Tische der emanzipierten Frauen und die »Kükentische«, an denen junge Mädchen unterschiedlichster Couleur auf Abenteuer oder auf Kundschaft warteten.

Natürlich waren auch gefeierte Sportler unter den Gästen, Lokalmatadore der Sechstagerennen aus dem Sportpalast ebenso wie die populären Boxmeister Max Schmeling und Paul Samson-Körner. Von Letzterem, der einige Zeit mit Brecht befreundet war, stammt die folgende Liebeserklärung an das Café:

»Der eifrige Kaffeehausbesucher spart enorm viel! Und zwar all das viele Geld, was er sonst für Zeitungen ausgeben müsste, die dort selbst zu der bescheidensten Tasse Kaffee gratis zur Verfügung stehen. Und die Beschäftigung mit den Journalisten ist immer mindestens so unterhaltend, oft unterhaltender als das Gespräch mit einem Zufallskameraden. Man sieht, es bietet viel, wie sollten wir das Café entbehren können?«[50]

Eine Besuchergruppe aber muss unbedingt noch etwas ausführlicher betrachtet werden, denn ihr verdankte es das Romanische Café, dass es 1927/28 für mehrere Wochen sogar auf einer Berliner Bühne erschien: die Leute vom Kabarett.

In den zwanziger Jahren wurde in Berlin eine neue Art von Kabarett geboren, geprägt vor allem durch politische wie lyrisch-freche Lieder, die als typische Berliner Kabarettlyrik in

Klabund. Bis zu seinem frühen Tod im Sommer 1928 gehörte der Dichter zu den Stammgästen im Romanischen Café. Aufnahme von 1925.

die Literaturgeschichte eingegangen sind. Textautoren wie Walter Mehring, Kurt Tucholsky und Klabund (der eigentlich Alfred Henschke hieß und sein aus *Kla*bautermann und Vaga*bund* zusammengefügtes Pseudonym 1910 im »Café Größenwahn« angenommen hatte) im Verein mit Komponisten wie Friedrich Hollaender, Werner Richard Heymann und Interpreten wie Trude Hesterberg, Rosa Valetti, Blandine Ebinger und Paul Graetz waren die Protagonisten dieses literarisch-politischen Kabaretts, das seinen Anfang Ende 1919 mit der zweiten Schall und Rauch-Bühne im Großen Schauspielhaus am Schiffbauerdamm genommen hatte. Als Trude Hesterberg dann im Herbst 1921 im Keller des Theaters des Westens ihre »Wilde Bühne« eröffnete, zogen auch die Kabarettleute ins Romanische Café um. Klabund, Autor des Gedichtbands *Die Harfenjule,* war hier oft mit seiner Gattin, der Schauspielerin Carola Neher zu sehen. Am »Musikertisch« notierten Hollaender und Heymann mitten im Gespräch Melodiefetzen, die ihnen gerade eingefallen waren.

Ende 1927 hatte im Theater am Kurfürstendamm die Kabarettrevue *Bei uns – um die Gedächtniskirche rum* von Friedrich Hollaender und Moritz Seeler Premiere. Bereits das schmissige Entree, voller Bezüglichkeiten auf die »Damen«, die sich damals um die Gedächtniskirche konzentrierten, bringt auch das Romanische ins Spiel, hier als »Schreckenskammer« bezeichnet. Sipo steht für einen Beamten der Sittenpolizei:

Bei uns – um die Gedächtniskirche rum
Ist der Verkehr fürs Publikum geregelt!
Dort steht der Sipo und notiert sich stumm
Mit wem Herr X in seinem Chrysler segelt.
Bei uns – um die Gedächtniskirche rum
Stellt sich manch Dummer schlau, manch Schlauer dumm.

Annemarie Hase und Willi Schaeffers in der Hollaender-Revue Bei uns – um die Gedächtniskirche rum, *1927.*

Die Tricks um die Gedächtniskirche rum
Die lernt man erst nach jahrelangem Studium.
Der Fremde auf den ersten Blick
Bestaunt bei Michels letzten Schick
Dann macht die Straße einen Knick
Schon steht man auf der Tauentzien.
Dort sieht er für Gemüt und Bett
Halb knabenschlank, halb gänsefett
Halb mit Sopran, halb mit Falsett
Die angemalten Frauen ziehn.
Palais am Zoo, der letzte Cri
Für die Kurfürstendammer.
Für Nervenstarke vis-à-vis
Romanische Schreckenskammer:
Bei uns – um die Gedächtniskirche rum
Ist der Verkehr fürs Publikum geregelt!

Das erste Bild der Revue spielt sodann im Romanischen Café. Willi Schaeffers erschien als Kellner mit dem Hollaender-Chanson *Ich weiß Bescheid*:

Ich bin nicht dumm,
Bei uns um die Gedächtniskirche rum,
Ich weiß Bescheid!
Jeder Tisch ist ein unnotierter Wert.
Ein Herr hat schon acht Glas Wasser verzehrt.
Hier klettern Papiere, hier fallen Papiere,
Hier fliegen die Tips durch alle Reviere:
Kortner – gestiegen,
Massary – fest!
Stoffe gesucht! Wer kauft Inzest?
Kurse gestiegen, Kurse gesunken,

Friedrich Hollaender, Aufnahme von 1931. Berlins erfolgreichster Kabarett- und Schlagerkomponist zählte zu den Stammgästen bei Schwannecke und im Romanischen Café. Mit seinen Liedern für Marlene Dietrich in dem Tonfilm Der blaue Engel wurde er 1930 endgültig berühmt.

Der Herr hat noch ein Glas Wasser getrunken.
Kurse gesunken, Kurse gestiegen –
Es muß an der Atmosphäre liegen…
Ja – wenn die nicht wäre,
Die – Atmosphäre
Um die Gedächtniskirche rum.
Was wüßte unsereiner
Dann überhaupt und im allgemeinen
Vom wirklichen Leben und von der Welt![51]

Umjubelter Höhepunkt sodann der von vier Darstellerinnen vorgetragene *Gesang der Mädchen im Romanischen Café*:

Wir sitzen süß und doof ohne Portemonnaie
Vor unsern leeren Gläsern im Stammcafé
Mittags von Punkt zwölf Uhr
Bis abends um Punkt zwölf Uhr:
Verkehrsinseln in dem Meere der Literatur.
Schriftsteller rings im Kreise, von Brecht bis Kisch –
Mancher benutzt uns episch am Nebentisch.
Das ist fürs Portemonnaie nicht viel wert,
Aber fürs Renommee unerhört:
Endlich wird doch die Nutte einmal verklärt!
Zwei dunkle Augen, zwei Eier im Glas
Und ein Tröpfchen Herzblut mit Rum!
Ein Täßchen Äther, ein Band von Verlaine –
Oh laßt uns literarisch sein
Und mit den Dichtern gehn![52]

So viel zu den »Damen« des Romanischen Cafés. Sie gehörten dazu, zählten aber zu den – gewiss reizvollen – Nebendarstellerinnen. Seinen Ruf und seine Atmosphäre verdankte das Lokal in-

Romanisches Café: Die damals noch unbekannte Schauspielerin Luise Ullrich (erst 1932 gelang ihr mit dem Tonfilm Liebelei *von Max Ophüls der Durchbruch) und ihr Gesprächspartner wurden 1929 in der Bildunterschrift einer Illustrierten als »zwei junge Namenlose, die auf ihre Chance warten«, vorgestellt.*

des der Künstlergemeinde, die sich hier regelmäßig einfand. Georg Zivier hat rückblickend einen Tagesablauf im Romanischen geschildert:

»Die Mittagsstunden waren immer vergleichsweise ruhig. Ich hatte mir einen Stoß Zeitungen und vom Kellner ein ›Hämenex‹ servieren lassen, hatte zum Jhering-Tisch hinübergewinkt und von dorther ein paar Stippvisiten bezogen; ich blickte vom ›Bassin für Nichtschwimmer‹ aus über die ›Fremdlinge‹ auf der Terrasse; ich tauschte mit Sigismund von Radecki, der zur Galerie der Spieler hinaufging, einen Gruß. Der späte Nachmittag im Café trug am stärksten von allen Tagesstunden Akzente von Wohlstand und Reputierlichkeit. Jetzt trank der Intendant Leopold Jessner sein Täßchen und blätterte in der Zeitung. Jetzt konnte Jürgen Fehling auftauchen und sich mit ›diesen jungen Kaffeehaus-Jesussen‹ auf hitzige Debatten einlassen und Marginalien prägen: Am späten Nachmittag also hatte das Romanische seine molligen Stunden. Das Stimmengebrodel klang jetzt wie sardiniertes Cello.

Darsteller von Bühne und Kabarett sprachen um die sechste Stunde herum schnell einmal im Café vor, ehe sie zur Arbeit gingen oder zu Schwannecke. Ernst Deutsch, Rudolf Forster und Willi Schaeffers waren zu besichtigen. Zu wissen, wo und wie und wer mit wem, war sehr wichtig, denn ein großer Teil der Gespräche kreiste um die Chronique actuelle und die Chronique medisante.

Um die achte Stunde herum wurde es leer im Romanischen. Die Prominenten waren weitergezogen. Nächtlicherweise wurden nun die Sesshaften tonangebend, die Schachspieler, die noch nicht Anerkannten, die sich nach Menschen und Licht, nach Aussprache sehnten, nach unendlichem Gespräch.«[53]

Längst ist die Ungemütlichkeit, ja Hässlichkeit des Lokals vergessen. Viele damals Beteiligte haben sich später voller Nostalgie rückerinnert, wie etwa der Komponist Willi Kollo in seinem Ende der 1960er Jahre entstandenen Chanson *Damals im Romanischen Café*:

> Damals im Romanischen Café,
> Wir saßen stundenlang bei einem Glase Tee.
> Beiden gings uns damals ziemlich schlecht,
> Wir lebten nur von Pump, Kurt Weill und Bertolt Brecht.
> Es schrieb an seinem Marmortisch
> Aus Prag der Egon Erwin Kisch
> Den »Rasenden Reporter« –
> Durchs Café ging der Kortner.
> Homolka spielte oben Schach
> Die Mosheim blieb verzweifelt wach
> Friedell saß bei dem Anton Kuh
> Tucholsky setzte sich dazu.
> Es klingt wie eine Sage
> Uralt vergangner Tage:
> Damals im Romanischen Café![54]

Eine solche Idylle war das Romanische gewiss nicht. Die es miterlebt haben, kommen zu sehr unterschiedlichen Urteilen. Vielleicht trifft Georg Ziviers rückblickende Einschätzung in ihrer Mischung von positiven und negativen Aspekten den Kern:

»Mancher ›Romane‹ von einst ärgert sich noch heute über die vielen, in hochtönendem Kaffeehaus-Geschwätz vertanen Stunden, Tage und Jahre. Das Café mit seinem Dunst und Gebrodel konnte sich lähmend auf die Seele legen. Es konnte so einlullend wirken wie eine permanent gesungene Liedstrophe. Nicht wenige ›Romanen‹ aber speicherten Energie gerade in dieser narkotisierenden, lässigen Sphäre.«[55]

SCHWANNECKE UND MUTTER MAENZ

Treffpunkt der Berliner Bühnengrößen

Eine Liste der Berliner Stars von Schauspiel, Oper, Operette und Kabarett aus den zwanziger Jahren auch nur annähernd vollständig zu Papier zu bringen, stößt auf große Schwierigkeiten: Zu opulent war die Versammlung der Kräfte, die hier allabendlich zwischen Staatlichem Schauspielhaus am Gendarmenmarkt und Krolloper, Deutschem Theater und Admiralspalast, Theater am Schiffbauerdamm und Kabarett der Komiker, Städtischer Oper Charlottenburg und Theater in der Königgrätzer Straße auf der Bühne standen.

Alle Fächer waren glänzend besetzt. Ob strahlender und vom Publikum vergötterter Tenor (wie Richard Tauber und Michael Bohnen) oder Charakterdarsteller (wie Emil Jannings und Albert Bassermann), ob jugendlicher Held (wie Will Quadflieg und Lothar Müthel) oder Charakterkomiker (wie Max Pallenberg und Max Gülstorff), ob Operettendiva (wie Fritzi Massary und Gitta Alpar) oder Bonvivant (wie Rudolf Forster und Gustaf Gründgens) – das Berliner Theater glänzte durch seine großen Darsteller und ebensolche Regisseure (von Max Reinhardt und Leopold Jessner bis Jürgen Fehling und Erwin Piscator).

»Unsere Theaterjahre«, hielt Herbert Jhering 1931 für das Schauspiel fest, »nennt man mit Recht die Zeit der großen Schauspielkünstler. Eine unerschöpfliche Fülle von Begabungen ist über die Bühnen ausgegossen. Für jede Gattung, für jedes Fach ist eine fast unübersehbare Reihe glänzender Talente und Besetzungen vorhanden.«[56]

Das sich stürmisch entwickelnde Massenmedium Film trug zusätzlich dazu bei, die Popularität der Bühnenkünstler, die mit wenigen Ausnahmen alle auch in den Studios von Berlin und Neubabelsberg arbeiteten, zu erhöhen. Von den Lokalen, in denen man sie ständig antreffen konnte, besaßen vor allem zwei besondere Berühmtheit: das Weinlokal Schwannecke in der Rankestraße und die Destille der Änne Maenz in der Augsburger/Ecke Joachimsthaler Straße.

Zu Beginn des Jahres 1921 hatte der Schauspieler und Regisseur Viktor Schwannecke beschlossen, sein Engagement bei Max Reinhardt zu quittieren und ein Restaurant zu eröffnen. So mietete er in der Rankestraße, nur wenige Minuten vom Romanischen Café entfernt, geeignete Räume und eröffnete die Weinstube Stephanie (nach dem Vornamen seiner Frau). Es dauerte nur wenige Monate, und sein Lokal wurde zu einem bevorzugten Treffpunkt der Theaterleute und Literaten, bald nur noch »Schwannecke« genannt. Hier konnte man vorzüglich speisen, aus einer exquisiten Weinkarte wählen und vor allem in sehr gediegener Atmosphäre zusammensitzen. Das Lokal war nicht billig, und wer von den jungen mittellosen Künstlern hier verkehren wollte, der musste sich von einem zahlungskräftigen Gönner einladen lassen.

Durch die Schwingtür kam man zunächst in einen kleinen Vorraum, wo der Oberkellner Johnny, Schwanneckes guter Geist, die Besucher empfing und an die Tische oder zu den etwa 15 gemütlichen Nischen geleitete. Der Geschäftsführer, von Schwannecke stets »mein Dramaturg« genannt, war dann bei der Zusammenstellung der Menüs und Auswahl der Weine behilflich. Das Restaurant öffnete erst am Spätnachmittag, schloss dafür aber auch erst in den frühen Morgenstunden. Der Hochbetrieb setzte meist nach Theaterschluss ein, wenn sich Akteure wie Besucher hier nach 23 Uhr zusammenfanden.

Viktor Schwannecke stammte aus einer alten Theaterfamilie, seine Tochter Ellen war ebenfalls Schauspielerin, sie trat sowohl am Deutschen Theater wie bei Hollaenders Kabarett Tingel-Tangel auf. Schwannecke selbst war 1918 in München sogar für kurze Zeit Intendant des Hoftheaters gewesen, ehe er ab 1920 wieder ans Deutsche Theater in Berlin zurückkehrte, wo er bereits 1916/17 engagiert war. Unter Reinhardts Regie spielte er 1920 in *Lysistrata* von Aristophanes, im selben Jahr findet sich sein Name auf dem Besetzungszettel von Gogols *Der Spieler*. Doch es waren stets sehr kleine Rollen, die er bekam, was sicher zu seinem Entschluss beitrug, das »Fach« zu wechseln.

Natürlich kannte Schwannecke die meisten seiner Theaterkollegen, so dass sich seine Restauranteröffnung in Windeseile herumgesprochen hatte und das Lokal rasch bekannt wurde. Sehr bald auch war der »Kreislauf« Romanisches Café (Kaffee, Besprechung, Gelegenheitstreffen) – Schwannecke (Abendessen, nächtliche Tischrunde) zur Gewohnheit vieler Künstler geworden. Viktor Schwannecke genoss zu Recht seinen neuen Ruhm.

Als er Mitte der zwanziger Jahre einmal mit dem Intendanten der Münchner Kammerspiele, seinem alten Kollegen Otto Falckenberg, nach einem abendlichen Theaterbesuch in ein Taxi stieg, gab er dem Chauffeur den Auftrag, sie doch zu einem Lokal zu fahren, wo man ausgezeichnet essen und dazu prominente Künstler sehen könne. Prompt fuhr der Mann sie in die Rankestraße – zu Schwannecke![57]

Über dem Restaurant aber vergaß Schwannecke das Theater nicht. Viele abendliche Gespräche mit seinen Stammgästen führten dazu, dass er die Bretter immer wieder einmal betrat – als Schauspieler, um für erkrankte oder verhinderte Kollegen einzuspringen, und sogar als Regisseur. So inszenierte er etwa, vermittelt durch den befreundeten Shaw-Übersetzer Siegfried Trebitsch, im September 1923 Shaws Komödie *Pygmalion* am Deutschen Theater, mit Käthe Dorsch als Eliza und Werner Krauss als Professor Higgins. Keine Frage, dass die Premierenfeier danach bei Schwannecke stattfand.

Premierenabende, von denen es angesichts der kaum vorstellbaren Zahl von fast 50 Theatern in Berlin nicht wenige gab, waren stets besondere Höhepunkte für das Lokal. Die beteiligten

Der »Regiezauberer« Max Reinhardt vor der Wochenschau-*Kamera. Aufnahme von 1930.*

Künstler saßen zumeist an großen Tischen in den Nischen oder in einem Hinterzimmer, im Restaurant trafen sich derweil die »Experten«. Eugen Szatmari hat die Atmosphäre eines solchen Abends beschrieben:

»Hat es aber eine Theaterpremiere in Berlin gegeben, so gewinnt Schwannecke ein ganz anderes Gesicht. Um Mitternacht erscheinen dann die zünftigen Theaterbesucher, im Smoking, wie es sich für einen wohlerzogenen Kritiker ziemt, denn die gestärkte Hemdbrust stärkt das Bewusstsein – sie erscheinen also in Begleitung ihrer Damen, setzen sich hin, bestellen ein Kalbssteak au four, und die Verhandlung wird eröffnet. Schwannecke verwandelt sich in einen Gerichtssaal. Das Femegericht der Berliner Bühnen nimmt die Arbeit auf und urteilt ohne Prozeßordnung und Staatsanwalt, ohne Verteidiger und ohne Plädoyers, oftmals in Abwesenheit der bedauernswerten Angeklagten, die erst am nächsten Tage erfahren müssen, daß es viel besser gewesen wäre, wenn sie das Rampenlicht niemals erblickt hätten.«[58]

Die Rezensionen der offiziellen Kritiker mussten bis 24 Uhr in der Redaktion vorliegen, damit sie in den Morgenblättern erscheinen konnten. Schon ab drei Uhr in der Frühe gab es auf den Berliner Fernbahnhöfen, wo die Provinzausgaben der überregionalen Blätter verladen wurden, die erste Möglichkeit, Lobpreisung oder Verriss zur Kenntnis zu nehmen. Doch dies geschah nur bei ganz besonders umstrittenen Aufführungen. Meist verbrachte man die ganze Nacht bei Schwannecke und erwartete dann die Zeitungsverkäufer, die ab sechs Uhr morgens unterwegs waren. Dann wurde ausgiebig gelesen und kräftig gefrühstückt, ehe die ganze Gästeschar gegen acht Uhr nach Hause fuhr, um noch einige Stunden zu schlafen. So hat es auch Carl Zuckmayer oft getan und später rückblickend berichtet:

»Wer in Berlin lebt, besonders in seiner Theaterwelt, weiß,

warum mir zuerst das Frühstück einfällt: jene luzide, flimmernde Morgenfrühe, die der durchwachten, durchtobten, durchsoffenen Nacht nach einer Premiere folgte; wenn Johnny in Schwanneckes Bühnen-Club die Läden aufzog, und man sah, durch Wolken von Zigarettendampf, daß die Fenster perlmutten anliefen und dahinter die blaue Stunde ihr Wesen trieb; [...] oder wenn man morgens in der überfüllten Stadtbahn, von nächtlichen Abenteuern noch halb berauscht, schon wieder zur Probe fuhr und eine Handvoll Schlaf in Stehen nachholte.«[59]

Es konnte auch noch schlimmer kommen. Der Drehbuchautor Robert A. Stemmle, Verfasser einer der schönsten deutschen Kriminalkomödien überhaupt: *Der Mann, der Sherlock Holmes war*, hat beschrieben, wie er eines Nachts um zwei Uhr im Wartesaal des Potsdamer Bahnhofs dem Komiker Josef Sieber begegnete. Dieser kämmte einem Herrn neben ihm gerade die Haare. Es war offensichtlich, daß die beiden ihre Krawatten getauscht hatten: Sieber trug zum grauen Anzug eine schwarze Schleife, der Herr zum Smoking eine rot und weiß gestreifte Krawatte. Sieber: »Gestatte, daß ich dir Willi vorstelle. Wir haben bei Schwannecke eine Premiere gefeiert. Ein großer Erfolg!« Stemmle: »Gratuliere herzlich. Heute?« Darauf Sieber: »Nein, vorgestern!«[60]

Zu den berühmtesten Stammgästen bei Schwannecke gehörten die Schauspieler Fritz Kortner und Werner Krauss.

Kortners steile Karriere in Berlin (er hatte schon einmal 1911 bis 1913 als junger Schauspieler am Deutschen Theater gewirkt) war untrennbar verbunden mit dem neuen Inszenierungskonzept des Intendanten Leopold Jessner ab 1919 am Staatlichen Schauspielhaus. Er hatte Kortner in heftig umstrittenen, neue Wege des Ausdrucks suchenden Schiller- und Shakespeare-Inszenierungen groß herausgestellt: als Geßler in *Wilhelm Tell* sowie

Fritz Kortner als Macbeth, Staatliches Schauspielhaus am Gendarmenmarkt 1922.

in den Titelrollen von *Hamlet* und *Richard der Dritte*. Danach spielte er in mehreren wichtigen Aufführungen junger Autoren (Bronnen, Brecht, Goering). Auch beim Film war er ein gesuchter Charakterdarsteller. 1928 schrieb Kurt Pinthus:

»Es gibt gute Schauspieler, welche Traditionen summieren, steigern, verfeinern. Die Nachfahren, Ende, Abschluß einer Entwicklung sind. Und es gibt gute Schauspieler, die die Vorfahren, Anfang, Grundstein sind. Zu den Schauspielern dieser wichtigeren Art gehört, neben wenigen anderen, Kortner.«[61]

Fritz Kortner als Richard der Dritte. Skizzen von Emil Orlik nach einer Aufführung im Staatlichen Schauspielhaus 1920.

Oft saß Kortner bei Schwannecke mit seinem Kollegen Werner Krauss zusammen, der seit 1913 am Deutschen Theater spielte und durch Meisterwerke des expressionistischen Stummfilms (*Das Kabinett des Dr. Caligari*, *Das Wachsfigurenkabinett*) weithin bekannt geworden war. In vielen großen Rollen erwies sich Krauss immer wieder als Meister der Charakterdarstellung wie auch der Maske und Verwandlung.

Als äußerst geistreicher Gesprächspartner steckte Werner Krauss stets voller Bonmots und Überraschungen. Ein Beispiel: Aufgefordert, für einen Sammelband mit Schauspielerporträts biographische Notizen beizusteuern, formulierte er seine Ablehnung mit der Erinnerung daran, wie er einmal an einem Provinztheater die Aufgabe übernommen hatte, für ein Wohltätigkeitsfest signierte Bücher erfolgreicher Schriftsteller zu beschaffen. O-Ton Krauss: »Ich schrieb also an alle lebenden Autoren und bat sie, für unser Fest eines ihrer Bücher mit Autogramm zu stiften. Unter anderem schrieb ich auch an Paul Heyse. Nach einigen Tagen bekam ich als Antwort von ihm in einem offenen Kuvert einen abgerissenen Zettel mit folgendem Vierzeiler:

Als die Komödie einst entstand,
War der Wunsch noch nicht allgemein,
Lieber ein lebendiger Hund
Als ein toter Löwe zu sein.«[62]

Einmal gelang es einem jungen Schauspieler aus der Provinz, bei Schwannecke in Krauss' Tischrunde Platz zu nehmen. Er packte die Gelegenheit beim Schopfe, riss die Unterhaltung an sich und begann zu berichten: »Wenn ich auf der Bühne stehe, vergesse ich alles um mich herum. Ich höre meine Stimme nur noch wie eine ferne Glocke. Ich fühle, wie ich über mich hinaufschwebe, in eine andere Welt. Können Sie sich das vorstellen? Alles um mich verschwindet, der Zuschauerraum verschwindet, das Publikum verschwindet...« Krauss unterbricht ihn: »O doch, das kann ich mir sehr gut vorstellen!«[63]

Werner Krauss als Richard der Dritte. Staatstheater am Gendarmenmarkt, 1932.

Auch Elisabeth Bergner ging bei Schwannecke ein und aus. Sie war ein besonderer Liebling des Berliner Publikums und spielte wechselweise bei Viktor Barnowsky am Lessingtheater sowie an Reinhardts Deutschem Theater. Mit der Titelrolle in Strindbergs *Fräulein Julie* und dem Stummfilm *Nju* war sie 1924 berühmt geworden. Darauf folgten bis hin zum Tonfilm *Der träumende Mund* (1932) Jahr für Jahr neue große Rollen.

Käthe Dorsch und Ernst Deutsch verkehrten bei Schwannecke; auch Max Reinhardt war oft mit seiner Gattin, der Schauspielerin Helene Thimig, zu sehen. Nach dem Sensationserfolg der *Dreigroschenoper* und der folgenden Verfilmung konnte man die beiden Mackie-Messer-Darsteller Harald Paulsen (1928/29 im Theater am Schiffbauerdamm) und Rudolf Forster (1931 in der Verfilmung von G.W. Pabst) bewundern, beides Stammgäste bei Schwannecke.

Zu den Theaterleuten gesellten sich bekannte Schriftsteller: Außer Egon Erwin Kisch, der bei Schwannecke seinen nächtlichen Stammtisch hatte, sah man regelmäßig Carl Zuckmayer und Arnolt Bronnen, Leonhard Frank und Ferdinand Bruckner mit ihren Freunden und Bekannten. Auch der junge Dramatiker Ödön von Horváth kam oft und besprach seine Stücke und Pläne mit Viktor Schwannecke. Angeregt durch den Bau der Zug-

Ödön von Horvath. Aufnahme von 1930.

spitzbahn hatte Horváth 1926 sein Stück *Revolte auf Cote 3018* geschrieben, das bei der Hamburger Premiere durchgefallen war. Er arbeitete es daraufhin um, und Schwannecke gefiel die neue Fassung so gut, dass er sich für eine Berliner Aufführung einsetzte. Seine Verbindung zu Regisseur Karlheinz Martin und zur Volksbühne am Bülowplatz führte am Ende dazu, dass Schwannecke selbst die Berliner Erstaufführung des Stückes inszenierte, mit dem neuen Titel *Die Bergbahn*. Die Premiere am 4. Januar 1929 wurde zum ersten großen Erfolg für Horváth.

Eiscreme. *Zeichnung von George Grosz aus dem Zyklus* Das neue Gesicht der herrschenden Klasse, *1930.*

Zwei Jahre danach war es wieder bei Schwannecke, als der Direktor des Theaters am Schiffbauerdamm, Ernst Josef Aufricht, bei der Suche nach einem geeigneten Stück auf Horváth stieß: »An einem Tisch in dem langgestreckten Restaurant saß ein großer, dicklicher, jungenhafter Mann mit schönen braunen Augen und fixierte mich jedes Mal, wenn ich vorüberging. Er hatte eine Rolle schreibmaschinenbeschriebener Blätter in der Hand. Ich blieb stehen: ›Wollen Sie mir etwas sagen?‹ ›Ja! Ich habe ein Stück geschrieben, *Italienische Nacht*. Eine aktuelle politische Komödie. Vielleicht gefällt sie Ihnen?‹ Ich nahm die Papierrolle an mich und notierte seinen Namen und seine Telefonnummer. Ich fing nachts an zu lesen und las das ganze Stück zu Ende. Ich bat ihn am nächsten Morgen in mein Theater und machte mit ihm einen Vertrag, seine Komödie sofort zu spielen.«[64] Die als einmalige Matineeaufführung geplante Premiere am 20. März 1931 wurde ein überraschend großer Erfolg, so dass Aufricht die Inszenierung anschließend für mehrere Wochen en suite in den Abendspielplan des Theaters am Schiffbauerdamm übernahm.

Ebenso wie Schauspieler, Regisseure und Schriftsteller kamen auch die Kabarettleute zu Schwannecke. Schon kurz nach Eröffnung des Lokals versammelte Trude Hesterberg hier 1921 die »Gründungsmannschaft« ihres Unternehmens Wilde Bühne: »So setzten wir uns denn an den Konferenztisch bei Schwannecke zur Beratung – Moritz Seeler, Leo Heller, Hans Janowitz und Werner Richard Heymann, der im ersten Programm noch freier Mitarbeiter war. Kurz darauf begannen die Proben, sie dauerten bis tief in die Nacht. Anschließend wurde meist wieder zu Schwannecke gehastet.«[65]

Friedrich Hollaender feierte seine Premieren ebenfalls in der Rankestraße. Von einem solchen Abend schrieb er später: »Es wurde eine ganz ›wahnsinnig schöne‹ Premiere, wie man damals gesagt hätte. (Auch ›Bergner-haft‹ war ein beliebtes Adjektiv.) Bei Schwannecke, unserem ehelich angetrauten Künstlerlokal, warteten wir, wie Usus, bis früh auf das Erscheinen der Vorkritiken.«[66]

In einer derart fröhlichen Runde von Schauspielern und Kabarettleuten wurde Gastgeber Willi Schaeffers einmal von einem jungen Kollegen gefragt:»Sie bewirten uns hier so wunderbar, Herr Schaeffers, warum lassen Sie uns nicht einmal mit Ihnen auftreten?« Schaeffers, wie gewohnt liebenswürdig und freundlich, darauf:»Wenn ich euch alle bei mir auftreten ließe, könnte ich euch bald nicht mehr bewirten!«[67]

Wie zutreffend das Wort von den Gegensätzen ist, die sich anziehen, macht der Blick auf das zweite bevorzugte »Theaterlokal« Berlins deutlich: die Bierstube der Änne Maenz, von ihren Stammgästen liebevoll nur »Mutter Maenz« oder »Maenzen« genannt. Hier gab es weder Plüschteppiche noch Damasttischdecken, an blankpolierten Holztischen trank man sein Bier und seinen Schnaps. Das Lokal in der Augsburger Straße war etwa gleichzeitig mit dem Romanischen Café ab 1918 zum Künstlertreffpunkt avanciert. Kurt Pinthus gehörte zu den Stammgästen von Anfang an, er hat die Atmosphäre bei Mutter Maenz, mit ihrem legendären Kellner Adalbert Duffner, genannt »Papa Duff«, sehr liebevoll beschrieben:

Künstlerwirtin Änne Maenz hinter ihrem Tresen. Aufnahme um 1929.

»Damals hatten einige Schauspieler, Regisseure und Schriftsteller, angewidert vom Lärm der Schieberlokale, eine Art Stammtisch in der kleinen Kutscherkneipe der Frau Änne Maenz, Ecke Augsburger/Joachimsthaler Straße, etabliert. Das war eigentlich mehr ein Stammtischchen für vier Personen, an dem aber oft ein Dutzend Kunstmenschen saßen, während die Chauffeure an der Theke ihre Molle kippten oder im Hinterzimmer eine Partie Billard spielten. Diesen Stammtisch bediente Papa Duff, ein trippelndes, schlotterhosiges Männlein, dessen Körperchen in ei-

Kurt Pinthus. Der Schriftsteller und Journalist schrieb für mehrere Berliner Blätter Theaterkritiken und Feuilletons. Aufnahme von 1921.

nem fast bis zur Erde fallenden Gehrock versackte; kaum hörbar kam das Stimmchen unter dem grauen Schnauzbart und der gerutschten Nickelbrille hervor. Da saßen wir: Lubitsch, Jannings, Veidt, Stefan Grossmann, der Verleger Rowohlt, Tiedtke, der unter vielen Pseudonymen bekannte Jakob Fraenkel. Es wurden immer mehr: Krauss und Klöpfer, die Massary, Pallenberg, Moser, die Verfertiger des Caligari-Films Wiene und Janowitz. So daß schließlich das Billard aus dem Hinterzimmer entfernt wurde, damit Tische Platz fanden. Und es war jede Nacht krachvoll. [...] Alle wollten von Papa Duff bedient sein. Das war in jener düsteren Zeit der Brot- und Kohlenkarten, als jedes Lokal um elf Uhr schließen mußte. Aber Änne Maenz, die Maria Theresia genannt wurde, weil sie so majestätisch ihre Rundungen und ihre aufgetürmte Blondfrisur trug wie jene Kaiserin auf den Bildern des 18. Jahrhunderts, Änne Maenz schloß ihre Kneipe nur zum Schein, das heißt, sie löschte den Schein des Lichts, und wir saßen bei herabgelassenen Rolläden im dicken Dunst des Kerzendämmers.

›Duff, wo bleibt denn Herr Fraenkel?‹ ›Der is heute abend theatralisch!‹ Damit meinte Duff: der Schriftsteller Fraenkel ist heute im Theater, um eine Kritik zu schreiben. ›Herr Lubitsch, der Schinken ist keiner mehr da!‹ In dieser präzis-pfiffigen Art gab Duff Auskunft über alle und alles.

Die Prominenten, die dort im Lokal der Änne Maenz saßen, waren damals noch gar keine Prominenten. Das Wort ›Prominente‹ war überhaupt noch nicht erfunden. Der einzig wirklich Prominente war eben Papa Duff. Auch ein Diplom hing da, durch das Papa Duff zum Ehrenbürger ernannt wurde. Sah

Emil Jannings. Die Aufnahme von 1931 zeigt den Schauspieler in Maske und Kostüm des Mephisto mit Regisseur Friedrich Wilhelm Murnau während der Dreharbeiten zu dem Stummfilm Faust.

man genau hin, so war das Insiegel allerdings ein überlackiertes Bruchband, und die wunderbar verschnörkelten Arabesken um den Text wiederholten immer wieder die Worte: ›Du alter Esel du‹.

Duffs 80. Geburtstag aber wurde der größte seines Lebens, der festlichste im Lokal der immer gütigen, immer pumpbereiten Änne Maenz. An jenem Abend wurden schon frühzeitig die Rolläden heruntergelassen. Alle Stammgäste waren da. Jeder Dame hatte der alte Duff ein Veilchensträußchen spendiert. Die Massary hielt die Festrede. Und schließlich kam mit Glückwünschen der Reichspräsident Ebert, so genau in Maske nachgebildet, daß Duff bis zu seinem Tode glaubte, Ebert selbst sei dagewesen.«[68] Leider hat Pinthus nicht mitgeteilt, wer damals den Ebert »gab«, vieles spricht jedoch dafür, dass Massarys Ehemann, der Charakterkomiker Max Pallenberg, diese Rolle übernommen hatte.

Auch zwei Schauspieler, die durch den Film zu großer Popularität gelangt waren, zählten bei Änne Maenz zu den prominentesten Gästen: Emil Jannings und Conrad Veidt.

Jannings war ein sehr früher »Überläufer« vom Theater zum (noch stummen) Film, bereits 1916 spielte er in dem Lubitsch-Streifen *Vendetta*. In Zusammenarbeit mit dem Regisseur Friedrich Wilhelm Murnau entstanden dann ab 1924 drei Filme (*Der letzte Mann*, *Tartüff*, *Faust*), die Jannings auch über Deutschland hinaus berühmt machten. 1927 folgte er einem Angebot aus Hollywood, wo sich allerdings die großen Rollen nicht einstellten. 1929 nach Berlin zurückgekehrt, gelang ihm im Jahr darauf mit seiner ersten Tonfilmrolle, dem Professor Rath in Josef von Sternbergs Heinrich-Mann-Verfilmung *Der blaue Engel*, wieder ein durchschlagender Erfolg. Auch das Berliner Theater sicherte sich den Schauspieler, der zu dieser Zeit festhielt:

»Am Anfang meiner Berliner Zeit riet mir der ›rote Richard‹, die Seele des Cafés des Westens, es mit dem Film zu versuchen. Und ich versuchte (ich brauchte Geld). Ein Sensationsschauspieler forderte mich auf, als Double von der Weidendammer Brücke auf einen Dampfer zu springen. Drehdauer: drei Tage. Gage: 15 Mark pro Tag. (Ich bin nicht gesprungen.) Zwischen diesem ersten Filmangebot und dem Ruf der Paramount nach Amerika

Conrad Veidt in der Doppelrolle der Brüder Schellenberg im gleichnamigen Stummfilm von Karl Grune, 1926.

Dieses Foto aus Beverly Hills ging 1928 durch die deutsche Presse und wurde zum Inbegriff für »mondänes Leben«: Conrad Veidt (l.), Emil Jannings und seine Gattin Gussy Holl beim Frühstück im Swimmingpool während ihres Abstechers in die Ateliers von Hollywood.

liegen viele Jahre, viele große und schöne Filmrollen. Jetzt bin ich froh, wiedergekommen zu sein, ich bin froh, der schauspielerischen Grundidee, der unmittelbaren Wirkung von einem zum anderen: dem Sprechtheater wieder anzugehören.«[69]

Eine langjährige Freundschaft verband Emil Jannings mit seinem Kollegen Werner Krauss. Im Jahr 1919, als die beiden noch nicht zu ihrem späteren Wohlstand gelangt waren, saßen sie eines Abends bei Änne Maenz. Krauss versuchte seinen Freund anzupumpen: »Emil, kannst du mir zehn Mark borgen?« Darauf

Zwei Stars der Berliner Bühnen privat: Charakterkomiker Max Pallenberg und seine Gattin, die gefeierte Operettendiva Fritzi Massary, an Bord des Schnelldampfers »Europa« bei der Rückkehr von einer Weltreise. Aufnahme von 1931.

Jannings: »Oh, Werner, leih sie dir doch bitte woanders. Du weißt, als ich mir von dir kürzlich zwanzig geliehen habe und sie nicht pünktlich zurückzahlen konnte, wäre um ein Haar unsere Freundschaft hin gewesen. Also wähle: Was willst du lieber, die zehn Mark oder meine Freundschaft?« Krauss: »Bitte, die zehn Mark!«[70]

Conrad Veidt war 1917 von Regisseur Richard Oswald für den Film entdeckt worden. Nach dem Aufsehen erregenden Erfolg in Robert Wienes *Das Kabinett des Dr. Caligari* avancierte der Schauspieler ab 1920 mit seinem leicht dämonisch wirkenden Aussehen rasch zum Filmschurken vom Dienst, bis 1926 spielte er diese Rolle in vielfacher Variation. Wie Jannings wurde auch Veidt nach Hollywood verpflichtet, wo er sich ohne Erfolg von 1927 bis 1929 aufhielt, ehe er danach wieder nach Berlin zurückkehrte. Mit der Rolle des Metternich in Erik Charells Tonfilmoperette *Der Kongreß tanzt* feierte er 1931 sein Comeback auf der deutschen Leinwand.

Veidt und Jannings hatten nicht zuletzt durch ihren luxuriösen »Hollywood«-Lebensstil während des USA-Abstechers Aufsehen in ihrer Heimat erregt, so ging etwa ein Foto vom gemeinsamen Frühstück in einem Swimmingpool durch fast die gesamte deutsche Presse.

Ungeachtet des erreichten Wohlstands aber hielten beide, als sie wieder in Berlin zurück waren, Änne Maenz auch weiterhin die Treue – was wiederum viele Neugierige an den Tresen in der Augsburger Straße lockte.

Angefangen hatte Veidt freilich nicht beim Film, wie er 1931 berichtete: »Am Deutschen Theater gibt es einen Portier Zimmermann. Er ist sozusagen der Vater meiner schauspielerischen Laufbahn. Dieser Zimmermann überwachte uns junge Theaterenthusiasten beim Anstehen um einen Galeriestehplatz. Da ich nicht wußte, wie man Schauspieler wird, fragte ich Zimmermann. [...] Der verwies mich an einen Schauspieler Albert Blumenreich. Nach 16 Unterrichtsstunden hatte ich natürlich die ›letzte Bühnenreife‹ erreicht und Blumenreich brachte es tatsächlich fertig, mich zu einem Vorsprechen vor Reinhardt zu bringen; man fragte mich, was ich sprechen wollte, und ich erklärte sofort: ›Faust!‹ Reinhardt war daraufhin so interessiert, daß er gelangweilt aus dem Fenster sah. Aber ich erhielt einen Volontärvertrag. Dann kam der Krieg. Ich wurde 1915 frontdienstuntauglich. Mitte 1916

Max Herrmann-Neiße. Der aus dem schlesischen Neiße nach Berlin gekommene Schriftsteller war als anerkannte Kabarettkoryphäe und als Kritiker ein gesuchter Gesprächspartner nicht nur im Romanischen Café. Gemälde von Ludwig Meidner, 1928. Hessisches Landesmuseum Darmstadt.

schrieb ich ans Deutsche Theater. Man nahm mich wieder, ich bekam eine kleine Rolle in einer Uraufführung von Georg Kaiser. Dann meldete sich der Film in Gestalt von Richard Oswald. – Man hat mich oft gefragt, wie ich vom Film zum Theater gekommen bin, mit dieser kleinen Vorgeschichte wollte ich zeigen, daß mein Weg umgekehrt vom Theater zum Film geführt hat. Daß ich heute wieder mit großer Freude Theater spiele, bedeutet für mich nur eine Rückkehr zu meinem ursprünglichen Beruf. Es lebe das Theater, es lebe der Film!«[71]

Auch Fritzi Massary, 1904 aus Wien nach Berlin gekommen, wo sie ab 1912 zur »Königin« der Operette aufstieg und alsbald als »die Massary« gefeiert wurde, gehörte, gemeinsam mit ihrem Mann Max Pallenberg, ab 1918 zu den Prominenten bei Änne Maenz und hielt ihr über viele Jahre die Treue. Kurt Pinthus schrieb über die Sängerin:

»Die Massary erinnert in nichts an ihre Kolleginnen, welche mit einigen aufgepappten Schlenkerbewegungen ihr quälend-gequetschtes Gesinge begleiten und jeden ihrer Reize willig preisgeben, außer denen der Stimme und des Menschenspiels. Die Massary ist sozusagen die Edelsoubrette; das heißt, sie ist das kultivierteste, sublimierteste Exemplar dieser Gattung. Sie ist der Idealfall, denn sie ist gleich vollkommen im Spiel wie im Gesang. Sie führt die Tradition der klassischen Operette zum Gipfelpunkt und gibt noch einiges hinzu, was ihre Vorgängerinnen nicht besaßen: Nämlich das unterirdische Feuer, welches nicht etwa nur Temperament ist, sondern verwandt dem Urgrund jener Kunst der großen dramatischen Heldinnen, und eine liebenswürdige Güte, die sie teils auf ihre Partner, teils ins Publikum strahlt.«[72]

Drei Lokale seien wenigstens noch genannt, in denen die Theater- und Filmwelt ebenfalls häufig verkehrte: Im Café Wien am Kurfürstendamm saßen die Kabarettleute am Stammtisch von Max Herrmann-Neiße; Henry Bender in der Bleibtreustraße war Treffpunkt der Komiker um Paul Westermeier; in der Gaststätte Jockey hatte Richard Tauber seinen Stammtisch, hier sah man oft auch Filmregisseure im Gespräch mit ihren Gästen.

RESTAURANT SCHLICHTER

Ein Jahrhunderterfolg wird geboren

»Wenn man damals alle diese Leute traf, war das vollkommen normal – wir lebten einfach so. Erst später, als sie alle berühmt geworden waren, schien es etwas Besonderes, sie zu kennen. Aber wenn man mitten im Geschehen drin ist, merkt man gar nicht, was passiert. Es gefällt einem, was sie machen, aber man ist davon nicht unbedingt überwältigt. Heute besteht für diese Zeit eine Art von Nostalgie, aber für uns bedeutete es damals nur, dass wir zusammen lebten und miteinander sprachen und uns bei ›Schlichter‹ trafen. Das war ein wunderschöner, sehr gemütlicher Ort. Nach der Vorstellung saßen wir ganz ungezwungen zusammen, tranken einen vorm Schlafengehen und redeten. Es war ein großartiger Ort zum Klatschen.«[73]

So erinnerte sich die Schauspielerin und Sängerin Lotte Lenya als Siebzigjährige in New York an die alten Berliner Zeiten. Damals wurde sie fast über Nacht zur unübertroffenen Interpretin eines neuartigen Songstils, den ihr Ehemann Kurt Weill gemeinsam mit Bertolt Brecht begründet hatte. Ort der ersten Begegnung zwischen den beiden war das Restaurant Schlichter in der Lutherstraße.

Max Schlichter, älterer Bruder des Malers und Zeichners Rudolf Schlichter, hatte zu Beginn der zwanziger Jahre in der Marburger Straße ein Restaurant eröffnet, mit dem er Anfang 1925 in die Luther-/Ecke Ansbacher Straße umzog. Sein Bruder pflegte vielfältige Verbindungen zu bildenden Künstlern und Schriftstellern, die bald zum Stammpublikum im Restaurant Schlichter gehörten. Schon 1919 war Rudolf Schlichter der KPD beige-

Max Schlichter. *Gemälde von Rudolf Schlichter, 1931. Privatbesitz.*

treten, ab 1925 arbeitete er in einer »Roten Gruppe« mit George Grosz und Otto Dix zusammen. So traf sich denn bei Schlichter in der Lutherstraße ein Kreis, der in den Folgejahren bestimmend werden sollte für das Entstehen einer neuartig-operativen, zur Veränderung der gesellschaftlichen Verhältnisse drängenden Kunst. Erwin Piscator, John Heartfield und – seit seinem Umzug aus München im September 1924 – Bertolt Brecht gehörten dazu.

Max Schlichter nutzte sein Restaurant als ständige Verkaufsgalerie für die Arbeiten seines Bruders. In allen Räumen hingen dessen neueste Gemälde und Zeichnungen. So manchen der Stammgäste hat Rudolf Schlichter damals porträtiert, etwa Döblin, Kisch, Brecht und dessen Frau Helene Weigel, Arnolt Bronnen

George Grosz. Porträtzeichnung von Benedikt F. Dolbin, 1928.

und den in München ansässigen Oskar Maria Graf. Ihn hatte der Maler 1926 bei einem Kostümball kennengelernt, den er gemeinsam mit Grosz, Heartfield und dessen Bruder Wieland Herzfelde besuchte. Spontan bat er den urwüchsigen Bayern schon am nächsten Tag in sein Atelier, um ihn zu malen. Graf rückblickend: »Der Maler Rudolf Schlichter hat ein Porträt von mir gemalt, und sein Bruder Max, der in der Lutherstraße ein Künstlerlokal betreibt, hat es sofort an einen Ehrenplatz gehängt.«[74] Am gelungensten von diesen Porträts ist wohl die Darstellung des »rasenden Reporters« Egon Erwin Kisch vor dem Romanischen Café, die Zigarette lässig im Mundwinkel, hinter sich eine Litfaßsäule mit aktuellen Plakaten, dabei auch eine Werbung des Erich Reiss Verlags, der Kischs Bücher herausbrachte. Ebenso bemerkenswert ist das Brecht-Porträt: Es »trifft

Egon Erwin Kisch. *Gemälde von Rudolf Schlichter, 1928.*
Städtische Kunsthalle Mannheim.

genau den schillernden Charakter und den Hang zur Selbstinszenierung von Brecht, der sich immer effektvoll selbst zu stilisieren wußte. Lederjacke und Lederkrawatte ebenso wie die Zigarre in der Hand oder im Mundwinkel waren die markanten Insignien einer äußeren Erscheinung, die zugleich seine Sympathie für die proletarische Klasse dokumentieren sollten.«[75]

Damals, um 1926/27, begann sich Brecht verstärkt mit soziologischen Problemen der Gesellschaft zu befassen, was ihn sehr bald zum Studium des Marxismus führte. Einer seiner damaligen Freunde war der Soziologe Fritz Sternberg. Er hat später beschrieben, wie er Brecht durch Rudolf Schlichter das erste Mal begegnete:

»Am Abend gingen wir in ein damals berühmtes Berliner Restaurant, das dem älteren Bruder von Rudolf Schlichter gehörte. Wir aßen dort. Einige Tische weiter bemerkte ich einen Mann, der eine Brille trug und auch zu Abend aß. Er fiel mir auf. Wie er so dasaß, wie er die Hände bewegte, ging von seinem Gesicht und seiner Gestalt etwas Merkwürdiges, Unvergeßliches aus. Ich sagte zu Schlichter: ›Du, Rudi, den Mann möchte ich kennenlernen.‹ Schlichter lachte laut: ›Das ist ja der Brecht‹, antwortete er.«[76]

Im März 1927 erhielt der Komponist Kurt Weill vom Festival Deutsche Kammermusik Baden-Baden den Auftrag für eine Kurzoper. Auf der Suche nach einem geeigneten Libretto kam ihm der gerade erschienene Gedichtband *Bertolt Brechts Hauspostille* in die Hände. Er enthält am Schluss sechs »Mahagonnygesänge«. Diese, entschied Weill, könne er zu einem Songspiel auskomponieren, wozu freilich Brechts Meinung und Zustimmung nötig war. Weill wohnte damals mit seiner Frau Lotte Lenja (die später in den USA ihren Namen in Lenya amerikanisierte)

Bertolt Brecht. *Gemälde von Rudolf Schlichter, 1926,
Galerie im Lenbachhaus München.*

in der Pension Hassforth am Luisenplatz, nahe dem Charlottenburger Schloss. Als sie sich bei Freunden erkundigten, wo man denn Brecht treffen könne, nannte man ihnen das Restaurant Schlichter. Es war ein Aprilabend des Jahres 1927, als dort die erste Begegnung Weill-Brecht stattfand, der eine vierjährige intensive Zusammenarbeit folgen sollte.

Der Dichter akzeptierte den Plan des Komponisten für das Songspiel, mit dem Titel *Mahagonny* stellten es die beiden im April fertig. Die Baden-Badener Uraufführung im Juli geriet vor dem bürgerlichen Festivalpublikum zu einem veritablen Skandal. Brecht und Weill aber vereinbarten weitere Zusammenarbeit am Stoff, sie wollten ihn zu einer großen epischen Oper ausformen (*Aufstieg und Fall der Stadt Mahagonny*, uraufgeführt 1930 in Leipzig). Doch Anfang 1928 kam es zu einer folgenreichen Unterbrechung dieser Arbeit. Sie nahm ihren Anfang wiederum im Restaurant Schlichter.

Der junge Berliner Schauspieler Ernst Josef Aufricht hatte gerade von einem Onkel 100 000 Mark geerbt und beschlossen, mit diesem Geld Theaterdirektor zu werden. Er mietete das gerade vakante Theater am Schiffbauerdamm, engagierte zwei Dramaturgen, eine Reihe Schauspieler sowie den Regisseur Erich Engel. Als Termin für die Eröffnungspremiere der Direktion Aufricht wurde der 31. August 1928 festgelegt. Was jetzt nur noch fehlte, war ein geeignetes Stück. Aufricht rückblickend:

»Wir klapperten alle Bühnenverlage ab. Bloch Erben offerierten mir als Uraufführung ein noch nicht gespieltes Stück von Sudermann. Ich nahm das Buch, ging die Treppe herunter und warf es in einen Papierkorb am Nikolsburger Platz. Beim Verlag Die Schmiede machte ich eine Anzahlung von 2000 Mark auf eine unfertige Komödie von Georg Kaiser, und beim Dreimaskenverlag eine Anzahlung von 1000 Mark auf ein unfertiges Stück von

Paul Reynal. Die Besuche bei den Verlegern waren also negativ verlaufen. Jetzt suchten wir die in Berlin lebenden Autoren auf. Wir gingen zu Toller, Feuchtwanger und anderen, aber keiner hatte ein fertiges Stück. Jetzt blieben nur noch die Künstlerlokale, Schwannecke oder Schlichter.

Wir gingen also zu Schlichter in die Lutherstraße. Im zweiten Zimmer saß einer. Es war Brecht. Ich kannte ihn nicht persön-

Bertolt Brecht und Kurt Weill. Dieses Bild, aufgenommen im August 1928 während der Endproben zur Uraufführung der Dreigroschenoper *in Berlin, ist eines der ganz wenigen, auf denen das erfolgreiche »Gespann« zusammen zu sehen ist.*

Szenenfoto Die Dreigroschenoper, *Oldenburgisches Landestheater 1929. Die Inszenierung folgte dem Modell der Berliner Uraufführung. Hier zu sehen Maria Martensen in der Rolle der Jenny.*

Lotte Lenja und Harald Paulsen in der Berliner Erstaufführung der Oper Aufstieg und Fall der Stadt Mahagonny *Ende 1931.*

lich, kannte aber seine literarischen Experimente auf der Bühne und schätzte seine Gedichte. [...] Wir setzten uns zu ihm an den Tisch und stellten unsere Gretchenfrage. Er fing an, uns eine Fabel zu erzählen, an der er gerade arbeitete. Er merkte wohl, daß wir nicht interessiert waren, denn wir verlangten die Rechnung. ›Dann habe ich noch ein Nebenwerk. Davon können Sie morgen sechs von sieben Bildern lesen. Es ist eine Bearbeitung von John Gays *Beggar's Opera*, die 1728 in England uraufgeführt wurde. Ich habe ihr den Titel *Gesindel* gegeben. Sie behandelt verschlüsselt einen Korruptionsskandal, ein berüchtigter Gangster ist mit dem Polizeipräsidenten befreundet, einem anderen mächtigen Mann stiehlt er die Tochter und heiratet sie. [...] Das Ende steht im siebenten Bild.‹

Diese Geschichte roch nach Theater. Wir verabredeten, am nächsten Morgen das Manuskript in der Spichernstraße abzuholen, wo Brecht ein möbliertes Zimmer bewohnte.«[77]

Was folgte, ist längst Theatergeschichte. Nach hektischen Probenwochen – Lion Feuchtwanger hatte statt *Gesindel* den wirkungsvolleren Titel *Die Dreigroschenoper* vorgeschlagen, was Brecht und Weill sofort akzeptierten – geriet die Premiere am 31. August 1928 zu einem triumphalen Erfolg, den keiner der Beteiligten auch nur im Entferntesten vorausgeahnt hatte. Innerhalb eines Jahres trat das Stück dann seinen Siegeszug über die Bühnen Deutschlands an. Überall auf den Straßen, in Restaurants und Bars wurden die Songs gesungen und gepfiffen, die bis heute nichts von ihrer Aggressivität und Eingängigkeit verloren haben.

Auch Kurt Tucholsky, der »Mann mit den 5 PS«, war, wenn er nicht gerade in Paris lebte, ein häufiger Gast bei Schlichter. Zu Brecht hatte er ein ambivalentes Verhältnis. So sehr er in man-

Kurt Tucholsky (l.) und Walter Hasenclever. Die beiden Schriftsteller hatten sich 1924 in Paris kennengelernt und waren von da an gute Freunde. Aufnahme von 1925.

cher Rezension für die *Weltbühne* dessen neuartiges Theaterkonzept hervorhob, so heftig glossierte er Brechts laxen Umgang mit geistigem Eigentum, wenn dieser etwa Verse von François Villon oder Rudyard Kipling einfach übernahm. Auch die Anglizismen und Exotismen in den Brecht'schen Songtexten nahm »Tucho« aufs Korn, wie etwa mit dem folgenden, Oktober 1930 in der *Weltbühne* erschienenen Gedicht:

LIED DER COWGOYS
»Damn!«
Rudyard Brecht

Ramm! – Pamm!
Ramm – pammpammpamm!
Wir stammen vom Mahagonny-Stamm!
Wir sind so fern und sind so nah!
Wir stammen aus Bayrisch-Amerika.
Ahoi geschrien!
Wir sind keine Wilden – wir tun nur so!
Wir haben Halbfranz auf dem Popo!
Und wir sind auch nicht trocken – gar keine Spur, ah...!
  In Estremadura!
    In Estremadura!
      In Estremadura –!
Exotik als Literaturprogramm:
Das ist bequem und macht keinen naß
Und tut keinem Kapitalisten was,
Remington backbord!
Wir sind bald lyrisch und sind bald roh,
Wir fluchen am Kreuz und beten am Klo.
Und jeder von uns singt so schön wie Kiepura!

> In Estremadura!
> Auf dem Hintern da prangt uns ein Monogramm.
> Da prangt Bert Brecht – frag nicht nach dem Sinn –
> Sonst halten wir dir unsern Hintern hin.
> Und klappt es nicht mit des Dramas Lauf:
> Dann sagen wir rasch ein Sprichwort auf.
> Auf dem Rücken der Pferde, da liegt unser Glück...
> God save the Queen mit Goldmundstück!
> [...]

Solcherart Attacken hinderten freilich nicht daran, dass man manches Mal auch miteinander feierte. Berühmt waren die von Max Schlichter veranstalteten Kostümfeste. Sie fanden für geladene Gäste im großen Hinterzimmer des Restaurants statt, ein Festkomitee bestimmte vorher den Teilnehmerkreis. Die Einladungskarte zu solch einem »Schlichterball« hat im Besitz von Lisa Matthias die Zeiten überdauert. Sie war damals für mehrere Jahre Tucholskys Gefährtin, Geliebte und Vorbild für seine Figur des Urberliner »Lottchen«. Rückblickend schrieb sie später:

»Dienstag war ein entzückender Ball – siehe Einladungskarte. Die ganze Prominenz war da: Bert Brecht, Toller, Burschell, George Grosz, Herzfelde, Huelsenbeck, Schaffgotsch usw. Auch der von mir sehr geliebte Peter Panter alias Kurt Tucholsky. Er ist ein reizender Kerl. Furchtbar vergnügt und beinahe zu witzig.«[78]

Hier der Text der gedruckten Einladungskarte:

»s. b. b. s. (schlichter ball bei schlichter)

in den hinteren räumen des restaurants schlichter (ansbacher straße 46, fernruf amt steinplatz 15610, beste schlichte schwäbische küche) findet am dienstag, den 25. jänner 1927, abends 9 h ein schlichter ball statt, der gleichgesinnte Elemente und solche, die es werden wollen, vereinigen soll. schlichtes kostüm, schlichte gesinnung, schlichte preise.

»s. b. b. s. (schlichter ball schlichter)
in den hinteren räumen des restaurants schlichter
ansbacher straße 46, fernsprechamt steinplatz 15610,
beste schlichte schwäbische küche) findet am
dienstag, den 25. jänner 1927, abends 9ʰ ein
schlichter ball statt, der gleichgesinnte elemente
und solche, die es werden wollen, vereinigen soll.
schlichtes kostüm, schlichte gesinnung, schlichte
preise.
die schlichter:

Einladungskarte zu einem Ball im Restaurant Schlichter, Januar 1927.

die schlichter:
Heartfield Max Schlichter
Rudolf Schlichter
brecht
Xaver Schaffgotsch

geschlossene gesellschaft
diese karte gilt als ausweis
das schlichteste kostüm
wird schlicht prämiert«[79]

Einige Zeit nach diesem »Ball« lernte Rudolf Schlichter im Frühsommer 1927 seine zukünftige Gattin Elfriede kennen, genannt Speedy. Als die beiden 1928 heirateten – George Grosz fungierte als Trauzeuge –, gab es natürlich eine große Hochzeitsfeier im Restaurant Schlichter. Speedy Schlichter wurde in den Folgejahren für den Maler zum bevorzugten Modell. 1931 hat Rudolf

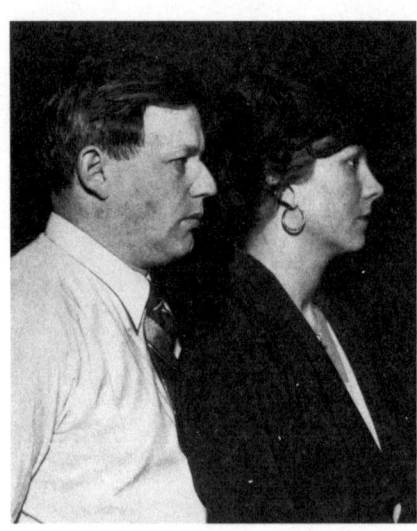

Rudolf Schlichter mit seiner Gattin Speedy. Aufnahme von 1928.

Schlichter in seinem autobiographischen Roman *Zwischenwelt* die erste Begegnung mit ihr beschrieben:

»Da geschah es eines Tages, daß er in einem Café in Gesellschaft von Freunden einer jungen Frau begegnete, deren Gesicht und Gestalt einen tiefen Eindruck auf ihn machten und die, als sie den Mund zum Sprechen öffnete und in wohlklingender französischer Sprache einige Worte an ihn richtete, wie mit einem Zauberstab jene längst versunken geglaubte Welt in ihm heraufbeschwor, deren Existenz er vor einigen Minuten noch heftig bestritten und als bürgerliche Gefühlsduselei verächtlich abgetan hätte. Eine heiße Welle von Liebe stieg in ihm auf.«[80]

Der Kreis um Brecht und Weill traf sich auch nach dem Erfolg der *Dreigroschenoper* weiter bei Schlichter. Ab Mitte 1929 stieß Walter Benjamin dazu. Dieser notierte im Juni: »Ich habe einige nennenswerte Bekanntschaften gemacht – Ad 1 die nähere mit Brecht (über den und über die viel zu sagen ist).«[81] Knapp zwei Jahre später, im April 1931, schrieb Benjamin über das neue ästhetische Konzept, an dem er mit Brecht arbeitete: »Es markiert eine Stellung, die eine kleine aber wichtige Avantgarde hier zurzeit besetzt hält. Vieles von dem, was mich dazu geführt hat, mich mehr und mehr mit Brechts Produktion solidarisch zu machen, ist gerade in jener Produktion selbst.«[82]

Worum es hier geht, ist eine neue Funktionsbestimmung von Kunst als eingreifendem gesellschaftlichem Moment, verändernd sowohl die Kunstproduktion als auch ihre gesellschaftliche Basis. In der Weimarer Republik konnte diese revolutionierende Materialästhetik kaum noch zur Wirkung gelangen. Sie ist eines jener Konzepte, die als produktives Erbe der zwanziger Jahre bis weit in die Gegenwart greifen.

Bei Schlichter in der Lutherstraße haben dazu viele streitbare Gespräche stattgefunden.

Szene im Café. *Zeichnung von Rudolf Schlichter, 1930.*

ADLON, EDEN UND KEMPINSKI

Nobellokale der Dichteraristokraten

Zu ihrer Lessingfeier im Januar 1929 verpflichtete die Preußische Akademie der Künste zwei Hauptredner: den Literaturhistoriker Julius Petersen und Thomas Mann. Letzterer fragte wenige Tage vor dem Ereignis noch einmal vorsorglich bei Petersen an: »Lieber Herr Professor, [...] ziehen Sie den Frack an zu der Feier?«[83]

Nur wenige der bisher in unserem Buch genannten Schriftsteller konnten ein solches Kleidungsstück ihr Eigen nennen. Wenn sie dennoch gelegentlich an bestimmten gesellschaftlichen Ereignissen teilzunehmen hatten, wurden Smoking oder Frack bei einem Verleih ausgeborgt.

Nicht so Thomas Mann und Gerhart Hauptmann: Beide repräsentierten die Dichtung der Weimarer Republik nach innen und außen, die Verleihung des Nobelpreises für Literatur (an Hauptmann schon 1912, an Thomas Mann 1929) war Ausdruck ihrer internationalen Anerkennung und Wertschätzung. Obwohl beide immer wieder betonten, sich nichts aus solcher Ehrung zu machen – Thomas Mann im Januar 1930: »Im übrigen bin ich nicht der Mann, dem so etwas wie Stockholm in die Krone fährt! Es ist ja in Wahrheit alles beim Alten geblieben, und in die lächerliche Gefahr des Dünkels könnte man höchstens im Ruhestande laufen«[84] –, genossen sie dennoch ihren Ruhm, und die beträchtlichen Einkünfte aus ihren Werken erlaubten es ihnen, einen aristokratischen Lebensstil zu pflegen.

Sowohl Gerhart Hauptmann, der abwechselnd im schlesischen Agnetendorf, auf Hiddensee und in Italien lebte, als auch der

Berlins erste Adresse: Hotel Adlon Unter den Linden. Umschlag einer Werbebroschüre von 1927.

Münchner Thomas Mann weilten häufig zu den verschiedensten Anlässen für kürzere oder längere Zeit in Berlin. Stets residierten sie dann bei der Nobeladresse der Stadt: im Hotel Adlon Unter den Linden, unmittelbar am Brandenburger Tor.

Dieses Hotel war 1907 von Lorenz Adlon gegründet worden und galt noch in den zwanziger Jahren (nach erfolgtem Neubau heute wieder) als Inbegriff von Eleganz und Luxus. Eingeweiht von Kaiser Wilhelm II., war das Adlon sowohl offizielles Quartier für Staatsgäste und Diplomaten als auch Domizil für internationale Berühmtheiten aus Wirtschaft, Politik und Wissenschaft während ihrer Berlinaufenthalte. Die Suiten 101-114 im ersten Stock bildeten die sogenannte »Prominenten-Ecke«. Ob Charles Chaplin (1929) oder die sowjetische Schriftstellerin und Diplomatin Alexandra Kollontai (1926) – alle wohnten sie dort.

Das imposante Gebäude verfügte im Erdgeschoss und im ersten Stock über mehrere Salons und Restaurants, in denen man ungestört und in gediegener Atmosphäre von kostbarem Mar-

Tanz-Tee im Adlon. Anzeige von 1927. Das Orchester Marek Weber war Berlins führende Tanzmusik-Formation.

mor und eleganter Holztäfelung sitzen konnte. Die besondere Attraktion des Adlon stellte der Wintergarten dar, ein voll verglaster Raum, von dem aus man in den Innenhof gelangte. Der tägliche Tanztee, zu dem hier das Orchester Marek Weber aufspielte, galt in Berlin als das Nonplusultra mondäner Nachmittagsunterhaltung. Die elegante Hotelbar, nach amerikanischem Vorbild eingerichtet, öffnete bereits am frühen Nachmittag und war Treffpunkt für Stammgäste des Hauses wie für prominente Besucher der Stadt.

Gerhart Hauptmann, dessen 70. Geburtstag 1932 mit Verleihung der Staatsmedaille für Kunst und Wissenschaft in Berlin festlich begangen wurde, kam jedes Jahr ein- bis zweimal zu Premieren seiner Stücke in die Hauptstadt, ebenso zu offiziellen Feiern und Jubiläen, bei denen er als Redner oder Ehrengast fungierte. Mit seiner markanten Erscheinung, seinem »Goethe-Kopf« war er weithin bekannt – und auch Gegenstand zahlreicher Anekdoten, etwa:

Oft ging Hauptmann frühmorgens vom Adlon aus im nahe gelegenen Tiergarten spazieren. Einmal überschritt er dabei eine

Tanz-Tee im Wintergarten des Hotels Adlon. Aufnahme von 1926.

Raseneinfassung. »He, Sie da!«, rief ein Parkwächter, »bleibn Se jefälligst uff dem Weg!« »Aber wissen Sie denn nicht, wer ich bin?« Darauf der Ordnungshüter: »Ja, ja, ick weeß: Jöthe. Aber deshalb dürfn Se noch lange nich den Rasen zertrampeln!«[85]

Im Oktober 1927 inszenierte Max Reinhardt am Deutschen Theater Hauptmanns Stück *Dorothea Angermann*. Zur Premiere kam der Autor nach Berlin. Über die Feier danach, die Rein-

Gerhart Hauptmann mit seiner Gattin Margarete und dem Sohn Benvenuto. Aufnahme von 1932.

hardts Dramaturg Felix Hollaender arrangierte, schrieb dessen ebenfalls anwesender Neffe Friedrich später:

»Dreiviertel zwölf. Jetzt hört man Stimmen. Onkel Felix hält die Tür auf. Goethe tritt ein. Aber wirklich! Er wird ihm immer ähnlicher! Hinter ihm werden einige Damen sichtbar. Man beachte: hinter ihm! Ungeschriebenes Protokoll. Er wehrt sich auch nicht, Olymp ist Olymp! Reinhardt hilft Werner Krauss aus dem Mantel. Nicht umgekehrt! Auch eine Art heilige Handlung. Reinhardt braucht Krauss. Krauss braucht den anderen auch, aber um eine Mantel-Ausziehspur weniger. Eine feine Nuance. Beide kennen sie, und beide lächeln. Es folgen, in der Reihenfolge ihrer Auftritte: Frau Hauptmann, Frau Krauss, Oskar Homolka, Gertrud Eysoldt, Friedrich Kayssler, Helene Thimig. Helene, Helene! Es wird Champagner gereicht.«[86]

Im Hotel Adlon wurde auch 1928 die Vermählung von Hauptmanns Sohn Benvenuto mit einer Prinzessin von Schaumburg-Lippe gefeiert. Dazu notierte der mit dem Dichter befreundete Schriftsteller Harry Graf Kessler: »Abends bei Gerhart Hauptmann im Adlon gegessen. Zuerst ganz allein mit ihm und seiner Frau Grete; nachher kam das Brautpaar. Sie ist wirklich schön: ein Apollo-Kopf, altgriechisch, jeder Zoll eine ›Prinzessin‹; sie fällt aus der Familie Hauptmann, die daneben recht bürgerlich aussieht, ganz heraus.«[87]

Solche Charakterisierung war gewiss nicht nach Hauptmanns Geschmack, ebenso wenig wie die oft kolportierte Anekdote aus dem Jahr 1929, als der Dichter anlässlich der Premiere seines Stückes *Kollege Crampton* wieder einmal in Berlin weilte:

Beim Verlassen des Hotels Adlon wird er von einem Mann angesprochen: »Gerhart Hauptmann?« »Ja, bitte?« »Kennst du mich denn nicht mehr?« Der Dichter überlegt kurz und bedauert. Darauf der andere: »Du kennst mich nicht mehr? Mettge, Karl

Mettge. Wir waren doch in Breslau Banknachbarn auf der Realschule.« Hauptmann scheint sich zu besinnen. Da klopft ihm der Mann auf die Schulter: »Sag mal, Hauptmann, was hast du denn die ganzen Jahre so gemacht?«[88]

Häufiger noch als Hauptmann residierte Thomas Mann im Adlon. Seine Geschäfte im Senat der 1926 gegründeten Sektion Dichtkunst an der Preußischen Akademie der Künste, sein Enga-

Thomas Mann mit seiner Gattin Katia 1929 vor dem Hauptportal des Hotels Adlon, »auf der Durchreise zur Entgegennahme des Nobelpreises in Stockholm«, wie der Scherl-Fotograf auf der Rückseite des Bildes vermerkte.

gement in der Paneuropabewegung sowie seine glänzende Rednergabe, die ihm Einladungen zu diversen Anlässen einbrachte, führten ihn häufig in die Hauptstadt. Natürlich machte er auch 1929 auf der Hin- und Rückreise nach Stockholm zur Nobelpreisverleihung Station im Adlon. Hier musste er zahlreiche Pressevertreter empfangen – es war schließlich siebzehn Jahre her, dass ein deutscher Dichter den Preis erhalten hatte!

In den Monaten zuvor lief das übliche Rätselraten um den möglichen Preisträger, verbunden mit diversen Namen. Mitte Oktober, wenige Wochen vor der offiziellen Bekanntgabe, schrieb der Kandidat Mann etwas verunsichert an den Preisträger von 1912:

»Lieber verehrter Gerhart Hauptmann: [...] Da wir bei Preisen sind: was sagen Sie zu der weitverbreiteten Nachricht, daß dank der Propaganda einer Oberlehrer-Clique, die ihn vorgeschlagen hat, Arno Holz den Nobelpreis erhalten soll? [...] Ich würde eine solche Preiskrönung absurd und skandalös finden und bin überzeugt, daß ganz Europa sich in völliger Verständnislosigkeit an den Kopf greifen würde. Seien Sie versichert, daß ich sachlich spreche: ich habe zu leben und würde zum Beispiel unserer klugen und bedeutenden Ricarda Huch den Preis von Herzen gönnen. Aber Holz?! Es wäre ein wirkliches Ärgernis.«[89]

Doch dazu sollte es nicht kommen. Kurz darauf lebte Preisträger Thomas Mann, wie er Sigmund Freud mitteilte, »im Trubel einer dank den Herdeninstinkten der Welt katastrophal angeschwollenen Korrespondenz«[90].

Ende 1930 überschritt sein erstmals 1905 erschienener Roman *Buddenbrooks* bei S. Fischer die Auflagenhöhe von einer Million Exemplaren. Dies gelang während der Jahre bis 1933 nur noch einem einzigen weiteren Werk: Erich Maria Remarques *Im Westen nichts Neues*.

Ist vom Nobelhotel Adlon die Rede, so betritt erneut der »Ahasver aller Kaffeehausliteraten«, Anton Kuh, die Bühne. Er bewohnte ab 1930 ein Zimmer im Hotel und speiste dort auch regelmäßig, ohne dass ihm je eine Rechnung präsentiert wurde – die er ohnehin nicht hätte bezahlen können. Wie es zu diesem außergewöhnlichen Arrangement zwischen Louis Adlon und Kuh kam, erzählt Hedda Adlon, die Frau des Besitzers:

Ernst Rowohlt. Porträtzeichnung von Benedikt F. Dolbin, 1928.

»Ins Adlon kam Kuh auf Grund einer merkwürdigen Wette. Damals, im Jahre 1930, hatte der amerikanische Schriftsteller Sinclair Lewis den Nobelpreis erhalten. Auf der Rückreise von Stockholm wohnte er im Adlon. Unser alter Stammgast, der Verleger Ernst Rowohlt, hatte Lewis zu uns gebracht. Eines Tages saßen Rowohlt und Lewis in der Bar, als Anton Kuh im Adlon erschien. Kaum betrat er die Bar, rief Rowohlt: ›Ausgezeichnet, daß Sie kommen, Kuh, Sie können uns helfen!‹ ›Wieviel Geld brauchen Sie?‹ fragte Kuh voller Selbstironie. Rowohlt lachte schallend: ›Wollen Sie Ihren Vorschuß zurückzahlen?‹ Zwischen Rowohlt und Lewis lag ein großer Stapel Briefe, da die Zeitungen vom Berlin-Aufenthalt des Nobelpreisträgers berichtet hatten. Nun saßen sie beide in der Bar, Lewis schlitzte die Briefe auf, Rowohlt überflog den Text und warf die meisten in den Papierkorb. Als Kuh jetzt erschien, wurde er sogleich in das laufende Prozedere des Brieföffnens eingeschaltet. Schließlich entwickelte sich daraus ein heftiges Trinkgelage. Spät in der Nacht brachen Lewis und Rowohlt auf. Zurück blieb nur Anton Kuh. Als die letzte Flasche geleert war, fragte der Ober nach neuen Aufträgen. Kuh: ›Ich warte, bis der alte Rowohlt wiederkommt!‹ ›Dies dürfte wenig Zweck haben‹, erwiderte der Ober, ›Herr Rowohlt ist längst nach Hause gegangen.‹ ›Wie?‹, fuhr Kuh auf, ›hat er sich französisch verabschiedet?‹ Der Ober unbewegt: ›Nein, Herr Rowohlt hat englisch mit seinem Gast gesprochen!‹ Wieder geriet Kuh aus der Fassung. Mit Blick auf die leere Flasche sagte er: ›Dann möchte ich Herrn Adlon sprechen.‹ Louis Adlon wurde verständigt.«

Zwecks Begleichung der Zeche schlug Kuh nun Adlon eine schlitzohrige Wette vor. Beide würden sie das gleiche Paar Schuhe vom besten Berliner Schuhmacher tragen, aber Louis Adlon würde beide bezahlen. So geschah es tatsächlich einige Tage später. Kuh hatte bei zwei Firmen je ein Paar Maßschuhe geordert und sie zu einem bestimmten Zeitpunkt ins Hotel Adlon schicken lassen. Dort fing er die Boten ab. Nun schickte er an jede Firma einen Schuh zurück, mit dem Verlangen, diese müssten geweitet und könnten sodann mit der Rechnung an Louis Adlon geschickt werden. So erhielt dieser schließlich ein Paar Schuhe und zwei Rechnungen. Lachend musste Adlon dem Kuh eingestehen, dass dieser die Wette gewonnen hatte.

Weiter Hedda Adlon: »So begann die Freundschaft zwischen dem Haus Adlon und Anton Kuh, und es dauerte nicht lange, da siedelte er zu uns über. Er verpflichtete sich dafür, wenn Louis Adlon darum bat, im intimeren Gästekreis Anekdoten zu erzählen.«[91]

Ein zu hoher Preis für noble Verpflegung und Unterkunft? »Es ist zum Kotzen«, soll Kuh danach öfters im vertrauten Kreis geäußert haben, »ich komme mir vor wie ein Hofnarr.«[92] Jedenfalls stieg nach diesem Husarenstück sein Ruhm im Romanischen Café ins Legendäre.

Ähnlich elegant wie im Adlon ging es im Hotel Eden zu, gelegen vis-à-vis des Zoo-Aquariums. Die Bar des Hotels, eine der elegantesten der Stadt, war oft nächtlicher Treffpunkt von Schriftstellern und Künstlern. Auch bekannte Schauspieler schauten vorbei, sie mussten vor den hohen Getränkepreisen nicht zurückschrecken. Hier in der Eden-Bar saß gern Heinrich Mann mit dem befreundeten Schauspieler Albert Bassermann, hier verkehrte Gustaf Gründgens, und hier war der neue Star-Autor Erich Maria Remarque Stammgast.

Karl Kraus. Porträtzeichnung von Benedikt F. Dolbin, 1928.

Das Nobelrestaurant Kempinski in der Leipziger Straße war Domizil eines weiteren Dichteraristokraten: des Wieners Karl Kraus während seiner zahlreichen, teils ausgedehnten Berlin-Aufenthalte. Ein Aristokrat des Geistes, war er bereits bis 1917 regelmäßiger Gast beim Künstlerkreis im Café des Westens gewesen. In den zwanziger Jahren sonderte er sich dann mehr und mehr ab und verlegte seine »Residenz« ins Kempinski.

Kraus' Vortragsabende »Theater der Dichtung«, bei denen er

Karl Kraus während eines seiner berühmten Leseabende »Theater der Dichtung« im Berliner Mozart-Saal. Aufnahme von 1927.

entweder aus eigenen Arbeiten las oder seine Nestroy-, Raimund- und Offenbach-Bearbeitungen vortrug (letztere in Begleitung eines Pianisten), gehörten zu den unbestrittenen Höhepunkten des Berliner Kunstlebens. Georg Knepler war mehrfach sein Klavierbegleiter, er hat später über das Vortragsgenie Kraus festgehalten:

»Er saß an einem Tischchen, dessen Decke den Raum bis zum Boden verbarg. Auf dem Tischchen nichts als der Text. Alles war konzentriert auf den einen Darsteller des ›Theaters der Dichtung‹. Kraus' Fähigkeit, verschiedene Figuren mittels Sprechweise, Stimmlage, Gesichtsausdruck, Gebärden der Hände, Arme, der Haltung des Oberkörpers zu charakterisieren, war außerordentlich.«[93]

Vor und nach den Auftritten saß Karl Kraus an seinem Stammtisch im hintersten Teil des Restaurants Kempinski. Nur hier empfing er seine Gäste und Verehrer, mied ansonsten sämtliche Berliner Künstlerlokale. Ernst Josef Aufricht hat ihn erlebt:

»In der vertrauten Atmosphäre dieses weiträumigen Restaurants, in der er unbekannt bleiben konnte, aß abends Kraus sein stets gleich bleibendes Menü: gekochtes Rindfleisch, Brühkartoffeln, eine saure Gurke, ein Halbgefrorenes, und trank ein helles Bier und zum Abschluß einen Mokka. An seinem Tisch saßen meist dieselben Leute, männliche Begeisterungszofen, die beinahe alle Nummern der ›Fackel‹ auswendig wußten und in einem ekstatisch glückhaften Zustand den Meister bewunderten. Um zwölf Uhr nachts kam der Geschäftsführer. Die Tafelrunde zahlte, erhob sich und begab sich in ein anderes Lokal, das nachts geöffnet hatte und von dem anzunehmen war, dass dort niemand verkehrte, der Kraus kannte, und niemand, den er kannte. Die Nächte, die man mit ihm verbrachte, waren zeitweise mühevoll, wenn Kraus abgespannt war oder nicht interessiert. Er erlaubte nicht, daß man sich entferne, mit seinem großen Charme hielt er einen zurück.«[94]

Zwischen 1928 und 1932 war Kraus allein 22-mal mit seinem Offenbach-Abend in Berlin zu Gast, andere Vortragsabende nicht mitgezählt. Stets saß er dann tage- und nächtelang bei Kempinski in der Leipziger Straße. Auch Friedrich Hollaender war zweimal Offenbach-Klavierbegleiter. Er schrieb später:

»Ich sehe Kraus noch den winzigen Probenraum durchmessen, Arien und Duette schmetternd, auswendig das Ganze, allen Partien Pariser Leben einhauchend, mit diesem kleinen, amüsierten Lächeln, das ich von den Vortragsabenden her schon kannte. Nach solchen Abenden saß man im kleinen Kreis bei Kempinski, Leipziger Straße. Er, mit dem Rücken zur Wand, in ständiger Erwartung eines bübischen Anschlags. Denn der Witz war nur die eine Seite seiner Feder, die andere hieß: Tod den Banditen! Sternstunden: zuzuhören, wenn er sprach. Denn, Wunder, das kaum sich wiederholen wird: er sprach, wie er schrieb. Wie konnte irgendwer so ›druckfertig‹ sprechen? – Eben nicht irgendwer.«[95]

›DIE INSEL‹

Künstlerlokal mit Galeriebetrieb

Im Jahr 1926 eröffnete der ehemalige Box-Mittelgewichtler Willy Weigelt in der Innsbrucker Straße ein Lokal, das zwar als »Moccastube« firmierte, wo man aber auch speisen und am Nachmittag tanzen konnte. Und: Weigels Mocca-Bar blieb die ganze Nacht geöffnet, bis zum frühen Morgen.

Aus dieser Gründung ging ein reichliches Jahr später ein Künstlerlokal hervor, das unikat für Berlin werden sollte. »Das Ganze fing so an: Eines Abends kehrten drei junge Maler in die kleine Bar des einstigen Box-Mittelgewichtlers Willy Weigelt in der Innsbrucker Straße, dicht am Bayrischen Platz, ein, setzten sich in irgendeine Ecke, bestellten Bier, und während sie sich unterhielten, kritzelten sie auf den Untersätzen kunstvolle Figuren. Eines nächsten Abends aber fanden sie auf ihren Plätzen anstelle der runden Pappscheiben Zeichenblocks, die der Wirt ihnen zur Verfügung stellte. So wurde aus unbewußter Spielerei ernsthafte Beschäftigung. Die Skizzenblätter blieben im Besitz des Hausherrn, und Monate später war dann eine ganze Ecke des Lokals mit ›Originalen‹ behangen. Diese Ecke wurde zur Künstler-Insel inmitten des Trubels ringsum.«[96]

Der junge Maler Hesto Hesterberg, Schüler von Lovis Corinth und Max Liebermann, war einer der drei eben Angesprochenen. Er war in der Kunstszene gut vernetzt, wohl Anfang 1928 gelang es ihm, zwei »Große« zum Besuch bei Weigelt zu gewinnen: Willy Jaeckel und Max Pechstein. Die beiden expressionistischen Maler zählten schon 1910 zur Berliner Secession, nach Gründung der Weimarer Republik hatte man sie zu Mitgliedern der Preußi-

Am Stammtisch des Künstlerclubs ›Die Insel‹: v. l. Willy Jaeckel, Max Pechstein und Hesto Hesterberg. Aufnahme um 1928.

schen Akademie der Künste berufen. Den beiden gefielen das Lokal und der Wirt. Und sie hatten sich der Förderung ihrer Schüler wie auch anderer junger Künstler verschrieben. So entstand bald die Idee, aus der »Künstler-Ecke« eine ganze Künstler-Galerie zu machen, also alle Wände des Lokals als Ausstellungsfläche zu nutzen. Weigelt hatte nichts dagegen. Als Träger gründete man einen Künstlerclub und nannte ihn ›Die Insel‹, Jaeckel und Pechstein gehörten zur Leitung. Wohl Anfang 1929 gab Weigelt seinem Lokal diesen neuen Namen. Und er legte selbst Hand an bei der Gestaltung der Wände und auch Tische: »Ein Gastwirt als Mäzen ist schon eine Seltenheit. Und wenn dann dieser Mann sein Lokal einer Gruppe von Künstlern und Kunstfreunden zur Verfügung stellt, sich selbst tagelang mit dem Rahmen und Hängen der Bilder beschäftigt, sogar Tische mit beleuchteten Platten konstruiert, damit auch dort Zeichnungen ausgelegt werden können, dann fängt die Seltenheit an, kostbar zu werden.«[97]

Mit dem Ausbruch der Weltwirtschaftskrise im Herbst 1929 brachen auch in Deutschland schwere Jahre an. Nicht zuletzt war davon auch der Kunstmarkt betroffen, denn wer kaufte jetzt noch Gemälde? In den folgenden drei Jahren bis Ende 1932 erreichte ›Die Insel‹ mit ihren Verkaufsausstellungen deshalb besondere Bedeutung. Ein Pressebericht resümierte:
»Es ist vielleicht noch nicht genügend bekannt, daß es mitten in Berlin, Innsbrucker Straße 11, eine Insel der Seligen gibt, die sich im Weltstadtgetriebe und im Wogenprall der Wirtschaftskrise tapfer behauptet. Das ist keine Galapagosinsel für kulturmüde Sonderlinge, sondern ein Eiland der Kunst, wo Maler aller Richtungen in unverdrossenem Optimismus sich vereinen. In dem Glauben, daß man auch heute noch gute Bilder verkaufen kann, wenn man sie nur richtig an den Mann zu bringen versteht. Und das versteht der Herr der Insel, Willy Weigelt, ausgezeichnet. Dieser musisch begabte Wirt ist ein ausgezeichneter Menschenkenner. Er sagte sich, die Liebe geht durch den Magen. Warum nicht auch die Liebe zur Kunst? So kam er auf den Gedanken, seine Gaststätte in eine Ausstellung zu verwandeln und neben ff. Bieren und prima Likören auch ff. Bilder zu verzapfen. Und die Idee schlug ein. Das ist keine ›offizielle‹ Ausstellung mit Gehrock und Zylinder, Übersicht und Programm, sondern mehr ein reizvolles Durcheinander in gediegener Klause. Eine solche Alliance zwischen Kunst und Gastronomie ist dem Pariser Montmartre abgesehen. Im Morgengrauen notiert der Wirt eine Flasche Sekt, drei Kognac und einen Jaeckel ›zum Mitnehmen‹. Als Philister wäre man versucht, etwas von ›Würde der Kunst‹, ›Kunst-Aschinger‹ usw. zu murmeln, aber man denkt an das Wort ›Not kennt kein Gebot‹ und vertagt die Moral-Rede auf bessere Zeiten.«[98]

Im *8-Uhr-Abendblatt* konnte man lesen: »Man geht die Inns-

Das Café als Kunstgalerie. Blick in das Künstlerlokal ›Die Insel‹ mit den Verkaufswänden für zeitgenössische Malerei junger Künstler. Aufnahme von 1932.

brucker Straße entlang und kehrt ein bei der nicht auffälligen Gaststätte Die Insel. Und siehe da: Mit einem Schritt ist man von der Alltagsstraße in einen poetischen Raum herübergewechselt, von dessen Wänden, Pfeilern, Ecken und Tischplatten Federzeichnungen, Pastelle, Ölbilder dich grüßen. Mit dem Ausblick auf den Golf von Sorrent trinkst du nun deinen Vermouth – ein besonntes Stilleben gibt deinem Kaffeeherzen Ruhe. ›Die Insel‹ stellt hier aus. ›Die Insel‹ gestattet dir hier Tag- und Nachtaufenthalt. Wirklich: einmaliges, vortreffliches Berlin.«[99]

Um 1930 hatte Willy Weigelt zusätzlich zwei Kellerräume zur Bildergalerie umgestaltet. Auch dies wurde in der Presse registriert: »Ein Museum, eine Ausstellung, die junge Künstler bis zum frühen Morgen zeigt, das ist schon nicht zu trocken. Und

Joachim Ringelnatz im Insel-Malerkreis. Aufnahme von Frühjahr 1933.

›Die Insel‹, ein Eiland Berliner Maler, ist mit all ihren Drinks, ihrem ausgezeichneten Mokka zu pikant angerichteten Zeichnungen unter erleuchteten Tischplatten alles andere als trocken. Man sitzt und klönt über reales Leben, aber keinen Augenblick lassen einen die Bilder in Ruhe – und plötzlich sieht man diesen Jaeckel wieder ein bißchen anders. Und so geschieht es, wenn nachher im Keller noch einmal zwei Räume Bilder von Magnus Zeller, Max Pechstein, Joachim Ringelnatz und Zeichnungen von Schäfer-Ast zur Betrachtung stellen.«[100]

Ja, auch Joachim Ringelnatz, dessen Stammlokal ansonsten die ›Westend-Klause‹ in Neu-Westend war, gehörte zum Insel-Kreis, denn neben seiner dichterischen Produktion schuf er Gemälde und Zeichnungen, die hier gezeigt und verkauft wurden. Im Herbst 1932 konnte man lesen:

»Und wieder einmal hat ›Die Insel‹ zu einer Bilderschau geladen. Bei der Eröffnung saß Joachim Ringelnatz, der Dichter, unter den Zuhörern und nickte bedächtig, das eine Auge auf den Redner, das andere schmunzelnd nach dem Bilde über dessen Haupte gerichtet. Es ist eine melancholische Schneelandschaft, und darunter steht: ›Wald im Winter, gemalt von Joachim Ringelnatz, Preis 350 Mark‹.«[101]

Der Ruf der ›Insel‹ hatte sich inzwischen in der ganzen Stadt verbreitet. Er lockte nun auch zunehmend Prominente anderer Bereiche in das Lokal, um die ausgestellten Bilder zu begutachten und eventuell zu kaufen. Das Boulevardblatt *B. Z. am Mittag* druckte 1932 eine ganze Reihe von »Insel-Anekdoten«, darunter die folgende: »[Der Kabarettist und Conferencier] Willi Schaeffers bewundert das Gemälde ›Don Quichote‹ von Erhardt Erdmann. Er hält eine großartige Bildconference und endet sie mit den Worten: ›Ausgezeichnet, der Don Quichote, ausgezeichnet, möchte ich gerne besitzen.‹ Schaeffers ist ganz nahe an das Bild herangetreten und bemerkt jetzt auch den Preis: 800 Mark, setzt jedoch ohne zu zaudern die Rede fort: ›Aber der Rahmen ist mir zu teuer‹.«[102]

Legendär waren schon damals die beiden Gästebücher von Willy Weigelt:

»›Menagerie‹ und ›Kinderzoo‹, das sind die Titel der beiden Pergamentbände, die der Wirt der ›Insel‹ in der Innsbrucker Straße seinen Stammbüchern gegeben hat, die als die schönsten Gästebücher Berlins gelten. Ihre Anfänge reichen nicht mehr als fünf Jahre zurück. Aus Freundschaft zu dem Wirt, der Künstler und Sportsleute mit der gleichen Liebe umhegt, haben viele Maler und Zeichner prominente Gäste der ›Insel‹ porträtiert oder Milieudarstellungen festgehalten. Auf einer Doppelseite findet sich eine Kleckszeichnung mit dem Kommentar: ›Herzlichstes

Mißverständnis wünscht allen Unklaren Joachim Ringelnatz‹. Und dann kommen die prominenten Künstler auf vielen Seiten, ebenso die Sportgrößen, vom Sechstagerennen bis zum Tennis.«[103]

Diese Gästebücher haben die Zeiten überdauert,[104] so dass am Schluss des Kapitels nun ein Querschnitt von Eintragungen zitiert werden kann, welcher zugleich die Spannbreite des Publikums in der ›Insel‹ deutlich macht. Nur wenige Schreiber begnügen sich mit dem konventionellen Kurztext (etwa der gefeierte Bassbariton der Staatsoper Leo Schützendorf: »Herrn Willy Weigelt zur Erinnerung«), ansonsten wird gereimt oder persönlicher Bezug genommen:

Schlagerkomponist Franz Grothe: Nach einer Notenzeile folgt »Dem singenden und netten Wirt, Herrn Weigelt, zur Erinnerung.«

Filmregisseur Robert Siodmak (gerade erst am Beginn seiner Karriere): »Zu viel berühmte Leute, / aber alles sehr nette.«

Der populäre österreichische Kabarettist und Sänger Luigi Bernauer, für längere Zeit zu Filmarbeiten in Berlin: »Du findest mich zwar spät erst in deinem Buch / Dafür als ständiger Besuch.«

Schriftsteller Roda Roda: Nach zwei Notenzeilen eines Hollaender-Chansons folgt »Mokkastube, wie hübsch ist es hier. / Mädchen und Lieder, ich komme wieder.«

Schauspieler Harald Paulsen: »Man muß zu Willy Weigelt geh'n / Frühmorgens wenn die Hähne kräh'n.«

Der Dichter Erich Kästner notierte eine bekannte Gedichtstrophe: »Was auch geschieht: / Nie dürft ihr so tief sinken, / Von dem Kakao, durch den man euch zieht / Auch noch zu trinken.«

Schauspieler Heinz Rühmann: »Ich gehe so selten aus! / Hier war es sehr schön! / So was gibt's nur einmal!«

Diseuse Claire Waldoff zitierte aus einem ihrer Lieder: »Es ist so herrlich – sich zu irren! / Und so stupid – korrekt zu sein.«

Schauspieler Alexander Granach notierte fünf Wochen vor Hitlers Machtantritt: »Weigelt in Liebe und Freundschaft, in allen beschissenen Zeiten.«

›Die Insel‹ setzte auch nach dem 30. Januar 1933 ihre Arbeit fort und blieb Künstlerlokal mit Galeriebetrieb. Mitte 1933 durch Einsetzung eines neuen regimetreuen Clubvorsitzenden gleichgeschaltet, präsentierte man dennoch weiterhin interessante junge Künstler und mied, soweit das möglich war, die offizielle NS-Kunst.

Joachim Ringelnatz, 1933 mit Auftrittsverbot belegt, was ihn in finanzielle Nöte brachte, zudem an Tuberkulose erkrankt (er starb im November 1934), konnte seine Bilder noch einige Zeit in der ›Insel‹ ausstellen. Mit folgender Gästebucheintragung vom September 1933 sei seiner wie der ›Insel‹ abschließend gedacht:

> Es ist nicht viel, was sich ereignet,
> Ich fahre weiter, lieber Weigelt.
> Denn was du heute dunkel siehst,
> Wird hellgrün, wenn ein Schicksal niest.
>   Herzlichst Dein Ringelnatz[105]

CAFÉ CARLTON UND MAMPESTUBEN

Der Marmortisch als Arbeitsplatz

Wenn auch, entgegen vielverbreiteten Legenden, die wenigsten Schriftsteller ins Café kamen, um dort ernsthaft zu arbeiten, so gab es diesen Typus literarischer Produktion freilich auch. Von zwei grundverschiedenen Autoren, die an Berliner Kaffeehaus- und Restauranttischen bleibende Beiträge zur deutschen und Weltliteratur des 20. Jahrhunderts geschaffen haben, soll nachfolgend die Rede sein: Erich Kästner und Joseph Roth.

Im Frühjahr 1927 wollte ein Redakteur der *Neuen Leipziger Zeitung* namens Dr. Erich Kästner in seinem Blatt ein eben geschriebenes Gedicht veröffentlichen. Es trug den Titel *Abendlied eines Kammervirtuosen*, die erste Strophe lautete:
Du meine neunte Sinfonie!
Wenn du das Hemd anhast mit rosa Streifen ...
Komm wie ein Cello zwischen meine Knie,
Und laß mich zart in deine Seiten greifen![106]
Entrüstet lehnte der konservative Chefredakteur ab. Man feiere gerade (am 26. März 1927) den 100. Todestag Ludwig van Beethovens, ein solches Gedicht widerspreche Sitte und Anstand, es stelle einen Affront der Öffentlichkeit dar. Daraufhin gab Kästner das Gedicht seinem Studienfreund Erich Knauf, inzwischen Redakteur bei der *Plauener Volkszeitung*, der es prompt mit einer sehr eindeutigen Zeichnung von Erich Ohser (der dritte Erich des ehemaligen Studententrios) ins Blatt rückte.

Natürlich erfuhr man bei der *Neuen Leipziger Zeitung* von diesem Coup, der Eklat war perfekt. Kästner wurde gekündigt – als

Erich Kästner. Aufnahme von 1927 vor dem Café Carlton in der Leipziger Straße, dem ersten Berliner Stammlokal des Dichters.

Theaterkritiker in Berlin, diese Stelle für einen freien Mitarbeiter war gerade vakant, könne er ja mit dem Blatt weiter verbunden bleiben. Durch solcherart »Fußtritt Fortunas«, wie er später die Affäre bezeichnete, kam Erich Kästner im Herbst 1927 nach Berlin, ein promovierter Redakteur, vor allem aber Lyriker, der bereits eine ganze Reihe von Gedichten in Zeitungen und Zeitschriften veröffentlicht hatte.

Ein möbliertes Zimmer in der Prager Straße wurde gemietet und unweit davon im Café Carlton, Leipziger Straße, das »lyrische Büro«, sprich Stammtisch besetzt. Jetzt musste Kästner zunächst für seinen Lebensunterhalt Sorge tragen. So begann also die Wanderung durch Berliner Redaktionen, die Kontaktaufnahme mit wichtigen Feuilletonchefs – natürlich im Romanischen Café. Dort gelang es Kästner auch, mit dem Herausgeber der Zeitschrift *Das Tagebuch*, Leopold Schwarzschild, dem auch das Wochenblatt *Der Montag Morgen* gehörte, den wöchentlichen Abdruck eines Gedichts zu vereinbaren. Für längere Zeit war nun jeden Samstagmorgen Ablieferungstermin. Doch nicht überall behandelte man den jungen Dichter so freundlich. Später erzählte er des Öfteren jene Anekdote, die mit seinem ersten Besuch bei Ullstein, in der Redaktion der *B.Z.* zusammenhing:

Dort war Egon Jacobsohn der Feuilletonchef. Die von Kästner offerierten Gedichte fanden nicht seine Zustimmung. »Wir leben in einer harten Welt, die keine Zeit für Gefühle hat!« – »Das habe ich heute bemerkt«, seufzte Kästner, »man hat mir in der Straßenbahn meine Aktentasche gestohlen.« – »Wie gemein«, sagte Jacobsohn, »das tut mir leid für Sie. Was war denn drin?« – »Meine sämtlichen Gedichte.« – »Oh«, gab Jacobsohn zurück, »das tut mir leid – für den Dieb!«[107] Übrigens bekam Kästner schließlich seine Tasche zurück, wie er stets hinzufügte. Er brauchte sie auch, denn der Leipziger Verlag Weller & Co. plante einen Band mit gesammelter Lyrik.

Kästner saß nun jeden Tag im Café Carlton und stellte sein erstes Buch zusammen, das 1928 mit dem Titel *Herz auf Taille* erschien. Und er hatte begonnen, in einem gänzlich neuen Genre zu schreiben, unterbrochen nur durch Kaffee und »den köstlichsten Mohn- und Apfelstrudel von Berlin«, wie sich Luiselotte Enderle, seine Gefährtin, erinnert.[108]

Der Plan für diese neue Arbeit entstand während einer Einladung bei Edith Jacobsohn, der Witwe des 1926 verstorbenen Begründers der *Weltbühne* Siegfried Jacobsohn. Sie versammelte zu ihren regelmäßigen, »Weltbühnen-Tee« genannten Nachmittagen Mitarbeiter und Freunde des »Blättchens« in ihrem Hause. Edith Jacobsohn war auch Inhaberin des Jugendbuchverlags Williams & Co., wo die *Doktor Doolittle*-Bände des Engländers Hugh Lofting großen Erfolg hatten. »Sie sollten ein Kinderbuch schreiben, Herr Kästner!«

Resultat dieser Aufforderung der Gastgeberin war wenige Monate später der »Roman für Kinder« *Emil und die Detektive*, geschrieben im Frühsommer 1928 am Tisch im Café Carlton. Das

Erich Kästner mit dem befreundeten Zeichner Erich Ohser. Aufnahme von 1928.

Buch erschien im selben Herbst und brachte Kästner durchschlagenden Erfolg. Gegründet auf eigenen Dresdener Kindheitserlebnissen, siedelte er die Geschichte um Emil, Pony Hütchen, Gustav mit der Hupe und den Dieb Grundeis im Berlin des Jahres 1928 rund um den Nollendorfplatz an. Hier, wie auch in den bis 1933 folgenden vier weiteren Kinderbüchern, gelang Kästner ein unverwechselbarer Typus Kind vom Ende der zwanziger Jahre, »der selbständig, auch selbstbewußt, klug, kooperationsbe-

Szenenfoto aus der ersten Verfilmung von Emil und die Detektive, *1931. Regie führte Gerhard Lamprecht, den Dieb Grundeis (links vorn im Bild) spielte Fritz Rasp.*

reit und zupackend sein eigenes Leben vernünftig und furchtlos einrichtet«[109].

Auch als Film und Theaterstück feierte *Emil und die Detektive* danach Erfolge. Gerhard Lamprechts Verfilmung von 1931 ist mit ihren ausgedehnten Außenaufnahmen von Berliner Straßen und Plätzen ein authentisches Dokument der damaligen Weltstadt. Interessant für unser Thema: Die Schlußsequenz mit der Ergreifung und Verhaftung des Diebes Grundeis entstand vor und in der Wilmersdorfer Filiale des Café Josty.

Kästners finanzielle Lage war nun mehr als gesichert und seine lyrische Produktion nicht mehr von Redaktionsterminen abhängig. Im Oktober 1929 bezog er in der Roscherstraße in Charlottenburg eine neue Wohnung. Auch eine Sekretärin, Elfriede Mechnig, wurde engagiert. Sie blieb für mehr als vierzig Jahre Kästners Mitarbeiterin. Die »treue Mechnig«, wie er sie oft genannt hat, beschreibt ihre erste Begegnung mit Kästner im Café Carlton, arrangiert von einer Freundin:

»Er bestellte uns an einem Sonntagvormittag auf eine Caféterrasse. Er arbeitete dort. Was mir auch einigermaßen seltsam vorkam. Ich meinte, Dichter müssten zu Hause in der Wohnung dichten. Ich sah also einen zierlichen jungen Herrn an einem Tisch sitzen. Er lächelte mich freundlich an, wir begrüßten einander. Ich war schüchtern und ziemlich schweigsam. Er auch. Meine Freundin redete. Dann fiel der prophetische Kästnersche Satz: ›Wollen Sie mir helfen, berühmt zu werden?‹«[110]

Nahezu zeitgleich mit Kästners Gedichtband *Herz auf Taille* war 1928 der Novellenband *Die Liebesehe* von Hermann Kesten erschienen. Beide Autoren waren noch relativ unbekannt, der *Emil* noch nicht auf dem Markt; beide veröffentlichten in denselben Zeitungen und Zeitschriften; so war es nur natürlich, dass die Namen Kesten und Kästner noch häufig verwechselt wurden. Hermann Kesten hat dazu eine schöne Geschichte überliefert:

»Ein damals namhafter Buchkritiker schrieb im ›Berliner Tageblatt‹ anlässlich meines Novellenbands *Die Liebesehe*, er sei nicht ganz so gut wie meine Gedichte in *Herz auf Taille*, die ihm meinen Namen unvergesslich gemacht hätten. Mein Verleger Gustav Kiepenheuer, selbst zuweilen zerstreut und also voller Verständnis für zerstreute Leute, rief daraufhin den alten Fritz Engel vom Feuilleton des ›Tageblatt‹ an und machte ihm klar, daß Hermann Kesten die Novellen Kestens veröffentlicht habe, und daß *Herz auf Taille* von Erich Kästner sei, und bat um eine Berichtigung. Diese erschien und machte Kästner zum Autor meiner Novellen und seiner Gedichte. Arm in Arm traten Kästner und ich darauf vor den in Irrtümern ergrauten Engel hin, um ihn von der verschiedenen realen und poetischen Existenz von uns beiden visuell und akustisch zu überzeugen. Der arme alte Fritz Engel geriet in immer größere Verwirrung, erst hielt er mich für Kästner, dann Kästner für meinen Verleger Kiepenheuer, dann mich für Kästners Verleger Weller, schließlich uns beide für Hochstapler. Er begann an der Realität von meinen Novellen und Kästners Gedichten zu zweifeln.«[111]

Ende September 1928 verlegte Erich Kästner sein »literarisches Büro«. Nach einem Jahr im Café Carlton siedelte er an einen neuen Stamm-»Schreib«tisch um, nahe seiner eben bezogenen Wohnung in Charlottenburg. Damals war am Kurfürstendamm/Ecke Lehniner Platz ein imposanter neuer Gebäudekomplex entstanden, bestehend aus dem von Architekt Erich Mendelsohn entworfenen, in neuer funktionaler Bauweise errichteten Kinopalast Universum-Lichtspiele (heute Schaubühne am Lehniner Platz) und einem weiteren zweistöckigen Gebäude links davon, das

Schutzumschlag von Erich Ohser zu Kästners Gedichtband Gesang zwischen den Stühlen, *1932.*

im Erdgeschoss das Kabarett der Komiker beherbergte. Im ersten Stock befand sich das Café Leon, mit einer vom Bauhaus angeregten modernen Inneneinrichtung.

Hier fand Kästner das richtige Klima, um fortan seine neuartige, von leiser Melancholie getragene Großstadtlyrik zu schreiben. Mit Kurt Robitschek, dem Direktor des »KadeKo«, verband ihn bald eine feste Freundschaft. In der monatlichen Programmzeitschrift *Die Frechheit* erschienen seine neuesten Gedichte, auf der Bühne kreierten Trude Hesterberg, Annemarie Hase oder Blandine Ebinger Kästner'sche Kabarettchansons.

»Das Café Leon ist Kästners Büro, der Stammtisch seine Schreibstube. Er steht mittags auf und geht um fünf Uhr morgens zu Bett. Er ist hübsch, ja elegant, ein Tennisspieler, ein Tänzer. Er fehlt in keiner Theaterpremiere. Er ist die Säule vieler literarischer Kabaretts«,[112] schreibt Hermann Kesten.

Und der Ullstein-Lektor Max Krell weiß zu berichten: »Man traf ihn in seinem Café, seltener einer Bar, passioniert in einem Kabarett, stets das Blöckchen für die aussprießenden Verse zur Hand, und ein Buch, das ihn gerade fesselte; zum Beispiel Chesterton.«[113]

An Kästners Tisch im Café Leon entstand eine beachtliche lyrische Produktion, die in den Bänden *Lärm im Spiegel* (1929),

Ein Mann gibt Auskunft (1930) und *Gesang zwischen den Stühlen* (1932) gesammelt erschien. Das waren Gedichte, die sowohl formal als auch von ihren Themen her neue Töne anschlugen, genau den Atem der Zeit trafen. Solche Kästner'sche »Gebrauchslyrik« wurde vom großstädtischen Publikum nur zu gern aufgenommen. »Bürochef und Kontoristin, Fleischermeister und Lehrerswitwe, Obersekundaner und Redaktionsassistent – sie alle fanden in Kästners Versen sich und ihre Art zu fühlen und zu denken. Ihnen war ›Möblierte Melancholie‹ vertraut. Sie verstanden sich auf Großstadteinsamkeit oder Kleinstadtsorgen. Sie waren in Trottoircafés und Nachtbars zu Hause. Sie bevölkerten Büros, Vorstadtstraßen und den ›Ball im Osten‹.«[114]

Einbandzeichnung von Walter Trier zu Kästners erstem Kinderbuch, erschienen 1928.

In dem Band *Ein Mann gibt Auskunft* findet sich das Gedicht *Kurzgefaßter Lebenslauf*. Die drittletzte Strophe vermittelt ein lyrisches Selbstporträt Kästners um das Jahr 1930:

Nun bin ich zirka 31 Jahre
Und habe eine kleine Versfabrik.
Ach, an den Schläfen blühn schon graue Haare,
Und meine Freunde werden langsam dick.[115]

Ein Jahr zuvor hatte Kästner mitten in die Gedichtfolge des Bandes *Lärm im Spiegel* eine *Prosaische Zwischenbemerkung* gestellt, den Gebrauch seiner Verse betreffend:

Wohin rollst du, Goebbelchen? *Karikatur von Erich Ohser für das demokratische Wochenblatt* Neue Revue, *1932*.

»Die Lyriker haben wieder einen Zweck. Ihre Beschäftigung ist wieder ein Beruf. Sie sind wahrscheinlich nicht so notwendig wie die Bäcker und die Zahnärzte; aber nur, weil Magenknurren und Zahnreißen deutlicher Abhilfe fordern als nichtkörperliche Verstimmungen. Trotzdem dürfen die Gebrauchspoeten ein bißchen froh sein; sie rangieren unmittelbar nach den Handwerkern.«[116]

Der Moralist Kästner fing in seinen Versen kühl bis sentimental, ironisch bis zärtlich Stimmungen, Straßen, Jahreszeiten ein; er schrieb über die »verlorenen Mädchen« ebenso wie über »ganz besonders feine Damen«. Die deutsche Literatur verdankt ihm auch einige der schönsten Liebesgedichte, wie jene sich so kühl gebende und doch so tief berührende *Sachliche Romanze*,[117] die Geschichte einer zu Ende gegangenen großen Liebe.

Angesichts der Zeitereignisse, der sich immer mehr zuspitzenden Krise der Republik schrieb Kästner auch Verse voll scharfer politischer Satire. Er attackierte den Nationalismus (»Wenn wir den Krieg gewonnen hätten / Dann wär der Himmel national.«[118]), verhöhnte reaktionäre Zeitgenossen (»Man sollte kleine Löcher in sie schießen!«[119]) und nahm den Militarismus aufs Korn (»Kennst Du das Land, wo die Kanonen blühn? / Du kennst es nicht? Du wirst es kennenlernen!«[120]).

Als 1931 *Fabian. Die Geschichte eines Moralisten* erschien, löste der Roman bei vielen Lesern Betroffenheit aus. Das Buch – ursprünglich wollte Kästner es »Der Gang vor die Hunde« nennen, was der Verlag ablehnte – gibt eine seismographisch genaue Schilderung der Atmosphäre jener beginnenden dreißiger Jahre in Berlin. »Ein unmoralisches Buch von höchster Moral«, urteilte Peter Flamm im *Berliner Tageblatt*. Kästner selbst hat rückblickend festgestellt: »Der Roman wollte warnen. Er wollte vor dem Abgrund warnen, dem sich Deutschland und damit Europa näherten.«[121]

Ist von Erich Kästners Büchern die Rede, so muss unbedingt der beiden Künstler gedacht werden, die zu deren Erfolg nicht unwesentlich beitrugen. Der Berliner Walter Trier, ein gesuchter Pressezeichner, Karikaturist und Buchillustrator, schuf die Illustrationen zu *Emil und die Detektive* und danach für alle weiteren Kinderbücher Kästners. Der aus Plauen stammende Erich Ohser, mit seinem grimmigen, mitunter an George Grosz erinnernden Strich, illustrierte die Gedichtbände in unverwechselbarer Art. Später wurde er als E. O. Plauen zum Schöpfer der beliebten *Vater und Sohn*-Cartoons.

Oft saß der Dichter mit einem oder beiden seiner künstlerischen Gefährten im Café Leon. Dann wurden, nicht selten viele Stunden lang, Illustrationsentwürfe besprochen oder neue Publikationspläne diskutiert. Und danach ging es ins Kabarett der Komiker.

Ganz anders als bei Kästner, für den die Stadt ab 1927 fester Wohn- und Arbeitsort wurde, verhielt es sich mit der Beziehung, die Joseph Roth zu Berlin pflegte. Der aus dem ostgalizischen Brody stammende Österreicher weilte hier zwischen 1920 und 1933 häufig zu Gast, oft für mehrere Monate oder sogar ein bis zwei Jahre. Immer jedoch war Berlin für ihn nur eine Station in seinem ruhelosen Leben, das er zwischen Paris und Wien, Budapest und Frankfurt am Main führte und in dem es keinen Festpunkt gab. Berlin allerdings war die Stadt, wo zwischen 1924 und 1932 sieben seiner Romane erschienen, in Berlin lebten seine wenigen wirklichen Freunde, hier fühlte er sich zumindest ebenso zu Hause wie in »seinem« Wien.

Joseph Roth war 1920 als Sechsundzwanzigjähriger mit seiner Frau Friedl an die Spree gekommen, damals noch in journalistischer Mission. Ende Juni erschien in der *Neuen Berliner Zeitung* sein erster Beitrag, bald schrieb er auch für das *Berliner Tageblatt* und den sozialdemokratischen *Vorwärts*. Von Februar 1920 bis September 1922 war Roth fester Mitarbeiter beim Feuilleton des *Berliner Börsen-Courier*. Seine dort erschienenen Arbeiten – sehr genaue Alltagsbeobachtungen und Skizzen, in brillan-

Joseph Roth. Porträtaufnahme von 1929.

ter Knappheit zu Papier gebracht – hat er selbst als »wunderbare, bunte Seifenblasen« bezeichnet.[122]

1923 wechselte Roth zur *Frankfurter Zeitung*, die eine eigene Berliner Redaktion unterhielt und deren Feuilletonchef Benno Reifenberg damals erste Kräfte für das Blatt verpflichtete: neben Roth auch Siegfried Kracauer und Bernard von Brentano als »Berliner Mannschaft«. Die finanzkräftige Zeitung schickte Roth in den Folgejahren auf ausgedehnte Reportagereisen durch ganz Europa.

Joseph Roth hat in Berlin, wie in vielen anderen Städten auch, nie eine eigene Wohnung gehabt. Er lebte in Hotelzimmern, unstet, ruhelos. An Stefan Zweig schrieb er einmal: »Seit meinem achtzehnten Lebensjahr habe ich in keiner eigenen Privatwohnung gelebt, höchstens eine Woche als Gast bei Freunden. Alles was ich besitze sind drei Koffer. Und das erscheint mir gar nicht merkwürdig. Sondern merkwürdig und sogar ›romantisch‹ kommt mir ein Haus vor, mit Bildern und so weiter.«[123]

Sein ständiges Berliner Domizil war das Hotel am Zoo, Kurfürstendamm 25, wo er mit dem Personal nach kurzer Zeit familiär verkehrte. Roth war ein ungemein fleißiger Arbeiter, täglich schrieb er mindestens sechs Stunden. Seine Produktionsweise allerdings dürfte wohl einmalig gewesen sein. Er schrieb nur im Café oder Restaurant, trank dazu erhebliche Mengen starken Alkohols – und brauchte zum Schreiben Gesellschaft. Erst wenn an seinem Tisch eine lebhafte Unterhaltung in Gang kam, schaltete sich Roth plötzlich aus, zog ein Blatt Papier hervor und notierte mit kalligraphisch klarer Schrift seine Texte.

Der Ungar Géza von Cziffra, von Roth stets als »Landsmann« angesprochen, hat berichtet, wie er einmal mit Ödön von Horváth, gleichfalls »Landsmann«, an Roths Tisch saß. Mitten im Gespräch griff der Dichter zum Papier und sagte: »Ich will jetzt

Einbandzeichnung von Georg Salter zu Roths Roman Hotel Savoy, *Verlag Die Schmiede 1924.*

arbeiten, die Herren können sich ruhig dabei unterhalten.« Als die beiden schwiegen, schien Roth die Stille zu stören: »Habt ihr euch nichts zu sagen? Kein Gesprächsstoff, keremszepen? Los, meine Herren, jetzt unterhalten Sie sich endlich, ich muß arbeiten.«[124]

Zwei Berliner Lokale am Kurfürstendamm waren es, in denen Roth die meiste Zeit verbrachte, redete, trank und schrieb: die Konditorei Schneider, Ecke Schlüterstraße und das Restaurant Mampestuben, Ecke Joachimsthaler Straße. Beide lagen nicht weit vom Hotel am Zoo entfernt, so dass es auch dann keine Probleme mit dem Heimweg gab, wenn der Dichter einen schweren Rausch hatte.

Das von den Berlinern kurz ›Mampestuben‹ genannte Restaurant (eigentlich firmierte es als ›Mampes gute Stuben‹) war ein Bier- und Speiselokal mit langem Tresen für die Laufkundschaft und ausgedehnten Gasträumen, in deren Nischen man ziemlich ungestört sitzen konnte – das Richtige für den »Gasthausarbeiter« Joseph Roth. Anfang Dezember 1923 war sein erster Beitrag in der *Frankfurter Zeitung* erschienen, zur selben Zeit entstand am Stammtisch in den Mampestuben das Manuskript seines ersten Romans *Hotel Savoy*. Er erschien im Frühjahr 1924 zunächst als Vorabdruck in der *Frankfurter Zeitung* und dann im Herbst beim Verlag Die Schmiede.

Viel Grund zum Feiern für Joseph Roth, der jetzt zum ersten Mal etwas mehr Geld verdiente – und es im gleichen Atemzug mit vollen Händen ausgab. Die Berliner Freunde Ludwig Marcuse und Alfred Beierle, ab 1927 auch Hermann Kesten, haben oft berichtet, wie großzügig Roth sie beschenkte, Lokalrunden spendierte oder Hotelportiers fürstlich entlohnte, bis er wieder buchstäblich keinen Pfennig mehr besaß.

In angeregter Runde wie im persönlichen Gespräch liebte es

Werbeanzeige des Gustav Kiepenheuer Verlags, 1930.

Roth zu schwadronieren, Geschichten zu erfinden, Traum und Realität zu vermischen, vor allem was seine Person betraf. »Er hatte die Lust des geborenen Erzählers an Menschen und Geschichten«, erinnert sich Hermann Kesten. »Aus dem Stegreif erzählte er die reizendsten Geschichten, er trank und sprach, erzählte und kommentierte, machte Witze und schwieg sogar auf unterhaltende Weise.«[125]

Einmal erzählte Roth in einer Tischrunde grässliche Geschichten über seine Erlebnisse in tschechischer Kriegsgefangenschaft, von Hunger, Angst, Todesgefahr – später nachzulesen in seinem Roman *Flucht ohne Ende*. »Am Tisch saß auch Egon Erwin Kisch, der als Vollblutreporter sich vornahm, bei seinem nächsten Prager Aufenthalt die Fakten im Archiv zu recherchieren. Als beide sich danach wiedersahen, knöpfte sich Kisch den Fabulierer vor: ›Im Archiv des 21. Jägerbataillons ist von einem Kriegsgefangenen Roth keine Rede!‹ Zerknirscht gestand Roth seine Erfindungen ein: ›Ich werde das nie wieder erzählen!‹ Und nach kurzer Pause: ›Wenn Sie dabei sind, Kisch!‹«[126]

Berühmt war Roth sowohl bei Schneider als auch in den Mampestuben ob seiner jüdischen Witze, die er mit Vorliebe erzählte. Doch unvermittelt konnte es dabei geschehen, dass er sich unterbrach und wieder zu seiner Schreibarbeit überging. Er war ein unerbittlicher Stilist. Nichts hasste er so sehr wie Nachlässigkeit im Umgang mit der Sprache. Seinem Neffen Fred Grubel, später langjähriger Direktor des Leo Baeck-Instituts in New York, sagte er einmal: »In Frankreich muß selbst der Hilfsredakteur einer Provinzzeitung ein klassisches Französisch schreiben. In Deutschland hingegen heißt man Jakob Wassermann, man schreibt Tiefenschmus, macht Salat aus der deutschen Sprache und wird als großer Dichter angesehen.«[127]

Joseph Roth mit Kiepenheuer-Lektor Walter Landauer. Aufnahme von 1930.

Im Grunde seines Herzens war Joseph Roth trotz der Betriebsamkeit, mit der er sich umgab, ein zutiefst einsamer Mensch. »Sie irren sich, wenn Sie glauben, ich hätte eine ›Umgebung‹. Ich treffe Den und Jenen, wie man einen Stein oder einen Baum am Wege trifft. Ich bin ein Wanderer, ich habe keine Freunde und Bekannten«, schrieb er voller Bitterkeit. Und während einer mehrwöchigen Reportagereise durch die Sowjetunion notierte er: »Meine Einsamkeit ist riesengroß, insupportable.«[128]

1929 geriet der Dichter in eine tiefe Krise, als er seine Frau Friedl in die Berliner Nervenheilanstalt Westend bringen musste. Öfter noch als sonst griff er zum Alkohol, auch seine finanziellen Mittel waren wieder einmal erschöpft. Erschütternd sein Brief an René Schickele vom Januar 1930, in dem es heißt: »Acht

Der Verleger Gustav Kiepenheuer. Porträtaufnahme von 1929.

Bücher bis heute, mehr als 1000 Artikel, seit zehn Jahren jeden Tag zehnstündige Arbeit, und heute, wo mir die Haare ausgehen, die Zähne, die Potenz, die primitivste Freudefähigkeit, nicht einmal die Möglichkeit, einen einzigen Monat ohne finanzielle Sorge zu leben.«[129]

Und doch füllte Roth auch in dieser Zeit in den Mampestuben viele Manuskriptblätter für seinen bis dahin umfangreichsten Roman *Hiob*, für den er zuerst keinen Verleger fand, da Die Schmiede nicht mehr existierte. Er versuchte neue Kontakte zu knüpfen, darunter zu Bruno Cassirer und dessen Cheflektor Max Tau. Dieser erinnerte sich, wie Roth ihn einmal von den Mampestuben aus im Verlag anrief, weil er nicht mehr in der Lage war, seine Zeche zu begleichen: »Eines späten Abends wurde ich zum Telephon gerufen, [...] Cassirer hörte das Gespräch mit einem Ohr und sagte: ›Da protestiere ich ganz energisch. Ich habe Ihnen nicht vor zwei Tagen das Gehalt erhöht, damit sie jetzt den Joseph Roth – ich weiß, ich weiß, ein sehr großer Dichter – aus den Mampestuben auslösen.‹ Ich hörte kaum mehr hin. Immer wieder schaute ich auf die Uhr. Einige Minuten, bevor die Mampestuben geschlossen wurden, traf ich dort ein und saß dann noch mit Koeppen und Roth beisammen.«[130]

Doch Cassirer war nicht zu überzeugen, den *Hiob* herauszubringen. Es war Hermann Kesten, damals Lektor beim Kiepenheuer Verlag, der den Roman schließlich bei seinem Verleger durchsetzte und damit Roths verzweifelte Lage beendete. Im Frühjahr 1930, als das Buch erschien, stand der 50. Geburtstag von Gustav Kiepenheuer bevor. Joseph Roth war unter den Gästen der großen Feier im Verlagshaus Altonaer Straße. Er schrieb auch einen Beitrag für den Festalmanach, der nur in einem einzigen Exemplar gedruckt wurde – für den Verleger. Von Brecht über Georg Kaiser, Lion Feuchtwanger, Ernst Toller, Walter Mehring bis Arnold Zweig reichte die Liste der 34 Hausautoren, die Kiepenheuer gratulierten. Roth gehörte mit Anna Seghers zu den »Jüngsten« im Verlag, sein erster Kiepenheuer-Titel war gerade erst gedruckt worden. Umso herzlicher war sein Beitrag für den Almanach, in dem es hieß: »Kiepenheuer hat keinen Sinn für das Geld. Diese Eigenschaft haben wir gemeinsam. Er ist der ritterlichste Mann, den ich kenne. Ich auch. Das hat er von mir. Er verliert an meinen Büchern. Ich auch. Er glaubt an mich. Ich auch. Er wartet auf meinen Erfolg. Ich auch. Ihm ist die Nachwelt sicher. Mir auch.«[131]

Die folgenden zwei Jahre bis Ende 1932 wurden, mit der häufigen Station Berlin, zum künstlerischen Höhepunkt im Leben von Joseph Roth. Er begann, nach Kräften gefördert von Kiepenheuer, die Arbeit an seinem Opus magnum, dem Roman *Radetzkymarsch*. Später schrieb der Verleger über seinen neuen Autor:

»Dem weißen Kater bei Mampe, der mit seinen Manuskriptseiten spielte und sie mit den Pfoten durcheinander warf, strich er verständnisvoll über das Fell. Joseph Roth war der Aristokrat unter meinen Autoren. Wenn er in der Dämmerung zu mir kam und mit seinen schmalen, weißen Händen in den Rock griff, um ein blaues Heftchen oder perforierte Zettelchen aus einem Notizbuch herauszuholen, so geschah dies mit einer gewissen Feierlichkeit und einem Respekt vor der eigenen Arbeit. Denn auf diesen Papierchen stand in seiner feinen, gestochenen Schrift das Ergebnis des Tages.«[132]

Im Herbst 1932, als bereits dunkle politische Wolken am Himmel über Berlin aufgezogen waren, erschien *Radetzkymarsch* bei Kiepenheuer. Nur drei Monate später, im Januar 1933, kam es noch einmal zu einer Begegnung zwischen Roth und Géza von Cziffra. Rückblickend berichtete dieser später:

»Sie fand im Café Hessler statt, einem Lokal, wo Roth sonst

nicht verkehrte. Darauf angesprochen, erzählte er, daß er einige Drohbriefe bekommen habe, in denen er als ›Saujud‹ und ›jüdischer Schmierfink‹ bezeichnet wurde. [...] Er erzählte noch, daß er in den nächsten Tagen Deutschland für immer verlassen werde. Als dieses Gespräch stattfand, war Hitler noch nicht Reichskanzler, Hindenburg hatte das Ermächtigungsgesetz noch nicht unterschrieben.«[133]

EPILOG: DER EXODUS DES GEISTES

1933 lebte der junge britische Schriftsteller Christopher Isherwood als Sprachlehrer in Berlin. Seine Erzählung *Ein Berliner Tagebuch*, eigenes Erleben verarbeitend (und eine der Vorlagen für den späteren Musical-Welterfolg *Cabaret*), führt den Leser auch ins Romanische Café, eine Woche nach der Machtübernahme durch die Nationalsozialisten:

»Abends sitze ich in dem großen, halbleeren Künstlercafé an der Gedächtniskirche, in dem die Juden und die Linksintellektuellen die Köpfe über den Mamortischen zusammenstecken und ängstlich miteinander tuscheln. Viele wissen genau, dass sie verhaftet werden, wenn nicht heute, dann morgen oder nächste Woche. (...) Fast jeden Abend kommen SA-Leute ins Café. (...) Als ich heute Morgen die Bülowstraße hinunterging, plünderten die Nazis gerade ein kleines liberales pazifistisches Verlagshaus. Sie waren mit einem Lastwagen gekommen, auf den sie die Bücher des Verlages warfen. Der Lastwagenfahrer las der Menge spöttisch die Buchtitel vor: ›Nie wieder Krieg!‹ rief er und hielt eines angeekelt an einer Ecke des Einbands in die Höhe wie ein garstiges Reptil. Alles krümmte sich vor Lachen. (...) Ich sehe mein Gesicht im Spiegel einer Schaufensterscheibe und bin entsetzt darüber, dass ich lächle. Das Wetter ist so schön, man kann nicht anders. Die Straßenbahnen fahren die Kleiststraße hinauf und hinunter wie eh und je. (...) Auch jetzt kann ich noch nicht ganz glauben, dass sich das alles wirklich zugetragen hat ...«[134]

Diese Äußerung Isherwoods trifft auch die Haltung vieler deutscher Künstler und Geistesschaffender sehr genau. Zwar hatten sie spätestens seit dem Anwachsen der NSDAP zu einer Massenpartei ab 1929/30 voller Besorgnis die politische Entwick-

»Meinem Affen gebe ich jetzt alleine Zucker.« *So verhöhnten die Nazis 1933 den Nobelpreisträger Thomas Mann. Unter den jüdischen Geistesschaffenden im Bild, deren »Ausschaltung« der Zeichner demagogisch darstellt, sind u. a. Karl Marx, Albert Einstein, Lion Feuchtwanger, Alfred Kerr und Alfred Flechtheim zu erkennen. Karikatur aus dem satirischen Wochenblatt der NSDAP, Die Brennessel.*

lung verfolgt, aber die tatsächliche Gefahr war nur von sehr wenigen richtig eingeschätzt worden. In der Sorge um den Fortbestand der Republik galt die Attacke der linksbürgerlich-demokratischen Kräfte – etwa des Kreises der Autoren um die von Carl von Ossietzky herausgegebene *Weltbühne* – mehr dem versteckten Militarismus und der Klassenjustiz als den Nazis. Diese wurden bis weit in das Jahr 1932 nicht genügend ernst genommen. Aufgrund des primitiv-demagogischen Charakters ihrer Propaganda überwog an den Tischen der Künstlerlokale das geistreich-zynische Witzeln über die Hitler, Göring und Goebbels, diese waren für viele Repräsentanten der schreibenden Zunft einfach kein Thema. Dabei lag das Programm späteren faschistischen Terrors, Hitlers Buch *Mein Kampf,* bereits seit 1926 in den Buchhandlungen und erreichte bis Ende 1932 eine Auflage von über 100 000 Exemplaren! Doch darüber wurde weder im Romanischen Café noch bei Schwannecke oder Josty ernsthaft debattiert, weil man die politische Machtübernahme durch die Nazis nicht für möglich hielt.

Nur wenige Künstler sahen bereits Ende 1932 ihr künftiges Schicksal, die Emigration, tatsächlich voraus. Zu ihnen gehörte Leonhard Frank, wie Fritz Kortner in seinen Erinnerungen berichtet:

»Damals schrieben Leonhard Frank und ich einen Film. Im Gespräch darüber sonderten wir uns eines Abends von den anderen ab. Ich wollte vom Drehbuch sprechen, er aber war zu verstört. ›Wenn ich ein Jud' wär, führe ich morgen weg‹, sagte er mit seiner leisen, langsamen Bestimmtheit. ›Und was ist mit Ihnen?‹ fragte ich. ›Ich übermorgen‹, lächelte er.«[135]

Die wenigsten Künstler entschlossen sich, sofort nach dem 30. Januar 1933 ins Exil zu gehen. Man blieb vorerst in Berlin, man wollte abwarten, ob nicht doch noch etwas geschah, das den »Hitlerspuk« beenden würde. Erst als einen knappen Monat später der Reichstag brannte und in derselben Nacht die erste große Verhaftungswelle durch die SA einsetzte, war endgültig – und schmerzlich! – klar, dass ein Bleiben in Deutschland nicht länger möglich war.

Ludwig Marcuse etwa saß am Abend des Brandes mit Ernst Weiß und Joseph Roth an dessen Stammtisch in den Mampestuben am Kurfürstendamm, als plötzlich ein Kellner an den Tisch kam und aufgeregt berichtete, ein Taxifahrer habe gesehen, wie helle Flammen aus dem Reichstagsgebäude hochschlugen. Nicht nur Marcuse war in diesem Moment klar, was dieses Fanal bedeutete. Rückblickend hielt er fest: »Am nächsten Tag waren Ossietzky, Mühsam und viele andere Freunde verhaftet. – Ich fuhr zum Anhalter Bahnhof. Wir benahmen uns, als reise ich gerade ein paar Stationen weiter.«[136]

Wie Marcuse verließen viele hundert Schriftsteller, Journalisten und andere Geistesschaffende Deutschland – ein Exodus des Geistes ohne Beispiel.

Vom Ausland her richteten sie nun ihre Feder gegen die Faschisten, mit einer *Neuen Weltbühne* und einem *Neuen Tagebuch* in Fortführung der ehemaligen Berliner Zeitschriften, oder mit Neugründungen wie dem *Gegenangriff* und den *Neuen deutschen Blättern*, die ihr Programm bereits im Titel formulierten. Nur wenige aufrechte Schriftsteller blieben in Deutschland. Erich Kästner gehörte zu ihnen.

Einige arrangierten sich für kürzere oder längere Zeit mit den Nazis, wie Gottfried Benn oder Arnolt Bronnen, ehe auch sie die Fronten wechselten. Tonangebend in Deutschland war nun eine »völkische Literatur« unter Flagge der Reichsschrifttumskammer. Muss noch gesagt werden, dass damit das Romanische Café, seiner großen Geister beraubt, die allein die Atmosphäre ausgemacht hatten, in jene Bedeutungslosigkeit zurückfiel, die es bis 1918 besessen hatte?

Der Schriftsteller Wolfgang Koeppen, damals beim Feuilleton des *Berliner Börsen-Courier* tätig, bis das Blatt Ende 1933 von den Nazis eingestellt wurde, hat später die fast grausige Szenerie rund um das »Romanische« nach Vertreibung seiner Stammgäste in einem eindringlichen Text beschrieben:

»Wir sahen die Terrasse und das Kaffeehaus weggehen, verschwinden mit seiner Geistesfracht, sich in Nichts auflösen, als sei es nie gewesen, und es marschierten die Standarten auf, die Bewegung bewegte sich zur Kirche oder in die Kirche oder in die Kinos, es war kein Unterschied, die Bewegung wurde in der Kirche empfangen und gesegnet und im Kino gefeiert, das Bethaus wurde entflammt, ein erstes Licht, das aufging, bevor die Stadt in Lichtern strahlte, und die Gäste des Cafés zerstreuten sich in alle Welt oder wurden gefangen oder wurden getötet oder brachten sich um oder duckten sich und saßen noch im Café bei mäßiger Lektüre und schämten sich der geduldeten Presse und des großen Verrates, und wenn sie miteinander sprachen, flüsterten sie.«[137]

Einer der Stammgäste, die sich arrangiert hatten, der Schriftsteller Wolfgang Goetz, veröffentlichte 1936 in Berlin Erinnerungen an berühmte Künstlerlokale der Stadt mit dem Titel *Im »Größenwahn«, bei Pschorr und anderswo*. Das schmale Bändchen ist ein typisches Beispiel für Selbstverleugnung und Unterwerfung. Im Kapitel über das »Café Größenwahn« durften natürlich weder Juden noch Emigranten genannt werden – also schrieb Goetz seitenlang über Randfiguren wie Schmied oder Poppenberg. Keine Erwähnung fanden Mühsam, die Lasker-Schüler, Walden, Döblin und andere Große, dafür finden sich schwülstige Elogen auf den zu den Nazis übergelaufenen Hanns Heinz

Ewers. Das Romanische Café kommt im Kapitel über die zwanziger Jahre gleich gar nicht vor, seine »Bewohner« waren ja nahezu komplett ins Exil gegangen. Und Goetz war sich nicht zu schade für die Behauptung, das wichtigste Künstlerlokal seien ›Pschorrs Bierstuben‹ gewesen. Ausgerechnet ein bayerisches Bierlokal also! Um Victor Klemperers schon klassischen Begriff für die Sprache des Dritten Reichs zu variieren: Libri Tertii Imperii…

Anders als auf dem Feld von Literatur und Presse sah es beim Theater und in der Musik aus. Hier überwogen die »unpolitischen« (wie sie glaubten) Künstler, die folgerichtig, wenn sie nicht Juden waren, in Berlin blieben. Der Opern-, Konzert- und Theaterbetrieb verlief kaum weniger glanzvoll als vor 1933. Die Staatsoper lud wie ehedem zu repräsentativen Premieren ein – dass diverse jüdische Sänger und Musiker fehlten, wer merkte es? Im Deutschen Theater und im Staatlichen Schauspielhaus hatten Hilpert und Gründgens ihre jüdischen Intendantenvorgänger Reinhardt und Jessner »abgelöst«, große Schauspieler von Käthe Dorsch bis Heinrich George traten freilich weiter auf; es trübte kaum die Opulenz, dass nun Bassermann, Kortner oder die Bergner nicht mehr da waren.

Dass die namhaften Dagebliebenen nun als kulturelles Aushängeschild dienten; dass die Fotos, auf denen Göring mit Gründgens, Hitler mit Furtwängler, Goebbels mit George posierten, geschickt zur Übertünchung dessen benutzt wurden, was tatsächlich in Deutschland geschah – das sahen viele der Beteiligten lange Zeit nicht, bis hin zu einem Richard Strauss oder Gerhart Hauptmann. Besonders schmerzlich berührt, dass sich nicht wenige große Schauspieler, wie etwa Emil Jannings und Werner Krauss – und dies nun nicht mehr etwa »unwissentlich« –, in den Folgejahren auch für schlimmste NS-Propagandafilme hergaben.

Anna Seghers (mit weißem Hut), Egon Erwin Kisch und seine Frau Gisl bei einem Cafébesuch in Versailles. Aufnahme von 1935. Fünf Jahre später zwang der drohende Einmarsch der Wehrmacht die drei – wie viele andere Gefährten – zu erneuter Flucht, diesmal nach Mexiko.

So waren die Theaterlokale nach wie vor gut gefüllt, und nur wer bei Schwannecke oder Mutter Maenz genau hinsah, bemerkte die gelichteten Reihen der alten Stammgäste.

Die große Zahl von bedeutenden Künstlern und Geistesschaffenden aber, die Deutschland aus politischen oder rassistischen Gründen verlassen mussten, lebte und arbeitete nach 1933 verstreut über den ganzen Erdball. Fast alle in unserem Buch erwähnten Schriftsteller waren darunter, von Brecht bis zu den Zweigs, von Kisch bis Kerr, von den Manns bis Döblin, von Horváth bis Roth. Die beiden Letztgenannten fanden im Exil, wie manch anderer ihrer Gefährten, einen tragischen Tod.

Und wieder saß man nun in Cafés, Bistros, Coffee Shops und Restaurants zusammen, zwischen Prag und Paris, New York und Mexico City. Wie oft mag dabei an den fremden Tischen wohl der Satz gefallen sein: Weißt du noch, damals im Romanischen Café ...?

ANMERKUNGEN

1 Hermann Kesten: Dichter im Café. Berlin (West) 1960, S. 7
2 Zit. nach Max Tau: Das Land, das ich verlassen mußte. Hamburg 1961, S. 165
3 Umfrage »Wir gehen ins Café, weil...«, Hamburger Illustrierte, Nr. 11/1930
4 Carl Zuckmayer: Als wär's ein Stück von mir. Frankfurt/Main 1966, S. 311/314
5 Heinrich Mann: Die geliebte Stadt. In: Theater der Welt. Ein Almanach. Berlin 1949, S. 16
6 Ödön von Horváth: Ich liebe die Stille. In: Materialien zu Ödön von Horváth. Frankfurt/Main 1970, S. 184
7 Bertolt Brecht: An die Nachgeborenen. In: Die Gedichte von Bertolt Brecht. Frankfurt/Main 1981, S. 725
8 20 Jahre Café des Westens. Berlin 1913, S. 22
9 Peter Edel: Wenn es ans Leben geht. Bd. 1. Berlin (DDR) 1979, S. 33
10 Tilla Durieux: Eine Tür steht offen. Berlin (West) 1954, S. 107
11 Hans Ostwald: Berliner Kaffeehäuser. Berlin 1905, S. 64
12 Siehe Anm. 8, S. 24
13 Else Lasker-Schüler: Mein Herz. Zit. nach Gesammelte Werke, Bd. 2. München 1962, S. 297
14 Ludwig Meidner: Dichter, Maler und Cafés. Zürich 1973, S. 34 f.
15 John Höxter: Ein Tag im Café des Westens. In: J. H.: So lebten wir. 25 Jahre Berliner Boheme. Berlin 1929, S. 38 f.
16 Erich Mühsam: Unpolitische Erinnerungen. Berlin (DDR) 1958, S. 78
17 Siehe Anm. 15, S. 10 f.
18 Zit. nach Géza von Cziffra: Der Kuh im Caféhaus. München 1984, S. 53 – *nachf. zit. als Cziffra*
19 Nach Max Krell: Das alles gab es einmal. Frankfurt/Main 1962, S. 19
20 Leonhard Frank: Links wo das Herz ist. © Aufbau Verlag GmbH & Co. KG, Berlin 1967, 2015, S. 82 f.
21 Leonhard Frank: Worte des Gedenkens. In: Kisch-Kalender. © Aufbau Verlag GmbH & Co. KG, Berlin 1955, 2015, S. 30
22 Egon Erwin Kisch: Schreib das auf, Kisch. Berlin (DDR) 1963, S. 236
23 Else Lasker-Schüler: Unser Café. In: Gesammelte Werke, Bd. 2. München 1962, S. 277 f.
24 Christian Bouchholtz: Kurfürstendamm. Berlin 1921, S. 46
25 Joseph Roth: Richard ohne Königreich. In: Neue Berliner Zeitung/12-Uhr-Blatt, 9.1.1923
26 Siehe Anm. 23

27 Siehe Anm. 16, S. 30/32
28 Günther Birkenfeld: Wartesaal des Genius. In: Hans Erman: Berliner Geschichten. Tübingen 1960, S. 437
29 Nach Georg Zivier: Das Romanische Café. Berlin (West) 1962, S. 24 – *nachf. zit. als Zivier*
30 Cziffra, S. 240
31 Eugen Szatmari: Das Buch von Berlin. München 1927, S. 117 – *nachf. zit. als Szatmari*
32 Paul Marcus: Romanisches Café. In: Münchner Illustrierte Presse, 14.4.1929
33 Szatmari, S. 117f.
34 Claire Waldoff: Weeste noch...! Düsseldorf 1953, S. 82
35 Alfred Polgar: Der Zeichner Dolbin. In: Die Gezeichneten des Herrn Dolbin. Wien 1926, S. 6f.
36 Die drei Flechtheim-Anekdoten nach: Cziffra, S. 166/168/173
37 Ebd., S. 103f.
38 Ebd., S. 237
39 Ebd., S. 191
40 Gabriele Tergit: Käsebier erobert den Kurfürstendamm. © Schöffling & Co. Verlagsbuchhandlung GmbH, Frankfurt am Main 2016, S. 74-75
41 Peter de Mendelssohn: Fertig mit Berlin? Roman. Mit einem Nachwort von Katharina Rutschky. © 2002 Elfenbein Verlag, Berlin
42 Beide Molnar-Anekdoten nach: Cziffra, S. 129f.
43 Szatmari, S. 120
44 Die drei Kisch-Anekdoten nach: Servus Kisch! Berlin (DDR) 1985, S. 349f.
45 Nach Cziffra, S. 163
46 Umfrage: Wir gehen ins Café, weil... In: Hamburger Illustrierte, Nr. 11/1930
47 Nach Cziffra, S. 175
48 Siehe Anm. 44, S. 352
49 Zit. nach: Cziffra, S. 157
50 Siehe Anm. 46
51 Texttranskription beider Liedtexte nach der Dokumentarschallplatte: Berliner Revuen 1927-1932. Electrola 1972
52 Friedrich Hollaender: Mit eenem Ooge kiekt der Mond. Berlin (DDR) 1978, S. 64
53 Zivier, S. 68f.
54 Texttranskription nach der Schallplatte: Kollo-kollo-kolossal. Teldec 1969 – Ein reichliches Jahr vor seinem Tod im Februar 1988 erteilte Willi Kollo dem Autor brieflich die Genehmigung zur Veröffentlichung des Textes.

55 Zivier, S. 88
56 Herbert Jhering: Die großen Schauspieler. In: Wir und das Theater. München 1932, S. 1 – *nachf. zit. als Wir und das Theater*
57 Nach Cziffra, S. 265
58 Szatmari, S. 131
59 Siehe Anm. 4, S. 312
60 R.A. Stemmle: Die Zuflöte. Berlin 1940, S. 62 – *nachf. zit. als Stemmle*
61 Kurt Pinthus: Kortner, Typ künftiger Kunst. In: Heinz Ludwig: Fritz Kortner. Berlin 1928, S. 82
62 Wir und das Theater, S. 99
63 Stemmle, S. 69
64 Ernst Josef Aufricht: Erzähle, damit du dein Recht erweist. München 1969, S. 108 – *nachf. zit. als Aufricht*
65 Trude Hesterberg: Was ich noch sagen wollte. Berlin (DDR) 1971, S. 88
66 Friedrich Hollaender: Von Kopf bis Fuß. Berlin (DDR) 1967, S. 122 – *nachf. zit. als Hollaender*
67 Nach Stemmle, S. 38
68 Kurt Pinthus: Papa Duff. In: 8-Uhr-Abendblatt, 26.1.1931
69 Wir und das Theater, S. 77
70 Stemmle, S. 49
71 Wir und das Theater, S. 119
72 Kurt Pinthus: Fritzi Massary. In: 8-Uhr-Abendblatt, 18.11.1922
73 Lotte Lenya im Gespräch mit Steven Paul. Textheft zur Schallplattenkassette: Kurt Weill. Deutsche Grammophon 1976
74 Oskar Maria Graf: Gelächter von außen. München 1983, S. 419
75 Eva Karcher: Das realistische Porträt im Werk von Rudolf Schlichter. In: Ausstellungskatalog Rudolf Schlichter. Berlin (West) 1984, S. 56
76 Fritz Sternberg: Der Dichter und die Ratio. Göttingen 1963, S. 7
77 Aufricht, S. 54f.
78 Lisa Matthias: Ich war Tucholskys Lottchen. Hamburg 1962, S. 30
79 Ebd., S. 31
80 Rudolf Schlichter: Zwischenwelt. Berlin 1931, S. 23
81 Walter Benjamin an Gerhard Scholem, 6.6.1929. In: W.B.: Briefe Bd. 2. Frankfurt/Main 1966, S. 492
82 Walter Benjamin an Gerhard Scholem, 17.4.1931. Ebd., S. 530
83 Thomas Mann an Julius Petersen, 11.1.1929. In Th.M.: Briefe 1889-1936. Berlin (DDR) 1965, S. 318
84 Thomas Mann an Maximilian Brantl, 7.1.1930. Ebd., S. 331

85 Nach Stemmle, S. 63
86 Hollaender, S. 142
87 Harry Graf Kessler: Tagebücher 1918 bis 1937. Eintrag vom 4.7.1928. Frankfurt/Main 1982, S. 596
88 Nach Stemmle, S. 44
89 Thomas Mann an Gerhart Hauptmann, 15.10.1929. Siehe Anm. 83, S. 328
90 Thomas Mann an Sigmund Freud, 3.1.1930. Ebd., S. 330
91 Hedda Adlon: Hotel Adlon. München 1956, S. 318f.
92 Cziffra, S. 23
93 Georg Knepler: Karl Kraus liest Offenbach. Berlin (DDR) 1984, S. 14
94 Aufricht, S. 73f.
95 Hollaender, S. 132
96 Tempo, Berlin, 19.11.1932 – Dieses wie auch die nachf. Pressezitate nach Pressemappe Die Insel. Akademie der Künste Berlin, Archiv Die Insel, 3.
97 8-Uhr-Abendblatt, 26.9.1932
98 Deutsche Allgemeine Zeitung, 26.10.1932
99 8-Uhr-Abendblatt, 17.4.1932
100 Unbezeichneter, undatierter Presseausschnitt
101 Der Berliner Bär, 16.11.1932
102 B.Z. am Mittag, 27.12.1932
103 Zwölf-Uhr-Blatt, 4.11.1932
104 Die Gästebücher befinden sich heute bei der Akademie der Künste Berlin, Archiv Die Insel
105 Sämtliche Gästebucheintragungen nach Archiv Die Insel, 1 und 2
106 Kästner änderte den Titel des Gedichts 1929 in *Nachtgesang des Kammervirtuosen*. So erschien es in dem Band *Lärm im Spiegel*, Stuttgart 1929
107 Cziffra, S. 197
108 Luiselotte Enderle: Erich Kästner. Hamburg 1966, S. 45
109 Zit. nach Klaus Doderer: Emil Kästners *Emil und die Detektive*. In: Festschrift für Horst Kunze. Berlin (DDR) 1969, S. 210f.
110 Elfriede Mechnig: Vierzig Jahre bei und mit Erich Kästner. Frankfurter Rundschau, 28.9.1968
111 Hermann Kesten: Meine Freunde, die Poeten. Berlin (West) 1980, S. 209
112 Zit. nach ebd., S. 210
113 Siehe Anm. 19, S. 199
114 Gerhard Seidel: Nachbemerkung zu Erich Kästner *Die Zeit fährt Auto*. Leipzig 1974, S. 242

115 Erich Kästner: Ein Mann gibt Auskunft. Stuttgart 1930 © Atrium Verlag Zürich 1930 und Thomas Kästner, S. 34
116 Erich Kästner: Lärm im Spiegel. Stuttgart 1929 © Atrium Verlag Zürich 1930 und Thomas Kästner, S. 46
117 Ebd., S. 4
118 Zeilen aus dem Gedicht *Die andre Möglichkeit*, erschienen in dem Band *Ein Mann gibt Auskunft*. Stuttgart 1930, S. 8
119 Aus dem Gedicht *Zeitgenossen, haufenweise*, erschienen in dem Band *Lärm im Spiegel*. Stuttgart 1929, S. 15
120 Anfangszeilen des gleichnamigen Gedichts, erschienen in dem Band *Herz auf Taille*, Leipzig 1928, S. 27
121 Zit. nach Gerhard Seidel: Nachwort zu Erich Kästner *Fabian*. Berlin (DDR) 1976, S. 229
122 Joseph Roth: Werke in drei Bänden. Bd. 3. Köln 1956, S. 299
123 Joseph Roth an Stefan Zweig, 27.2.1929. In: J.R.: Briefe 1911 bis 1938. Köln 1970, S. 145
124 Géza von Cziffra: Der heilige Trinker. Erinnerungen an Joseph Roth. Bergisch Gladbach 1983, S. 29f.
125 Siehe Anm. 111, S. 157
126 Siehe Anm. 124, S. 49
127 Zit. nach David Bronsen: Joseph Roth. München 1981, S. 356
128 Beide Zitate nach ebd., S. 304
129 Joseph Roth an René Schickele, 20.1.1930. Siehe Anm. 123, S. 156
130 Siehe Anm. 2, S. 218
131 Gustav Kiepenheuer zum 50. Geburtstag. Berlin 1930. Zit. nach: Thema-Stil-Gestalt. 25 Jahre Literatur und Kunst im Spiegel eines Verlages. Leipzig 1984, S. 462
132 Gustav Kiepenheuer: Eine Reverenz vor Joseph Roth. In: J.R.: Leben und Werk. Ein Gedächtnisbuch. Köln 1949, S. 40
133 Siehe Anm. 124, S. 67
134 Christopher Isherwood: Leb wohl, Berlin. Copyright © 1939 by Christopher Isherwood. Für die deutschsprachige Ausgabe Copyright © 2014 by Hoffmann und Campe Verlag, Hamburg
135 Fritz Kortner: Aller Tage Abend. München 1960, S. 393
136 Ludwig Marcuse: Mein zwanzigstes Jahrhundert. Frankfurt/Main 1968, S. 132
137 Wolfgang Koeppen: Romanisches Café. Erzählende Prosa. Frankfurt/Main 1972, S. 10

LITERATURHINWEISE

Berliner Lokale und Künstlertreffpunkte

In den meisten Memoirenbänden deutscher Künstler, die in den zwanziger Jahren in Berlin lebten und arbeiteten, finden sich Erinnerungen an ihre Lieblingslokale, zumeist jedoch sporadischer Natur. Eine Auflistung an dieser Stelle würde den Rahmen sprengen. Die bisher erschienene spezielle Literatur zum Thema ist eher gering und wird nachfolgend verzeichnet.

Adlon, Hedda: Hotel Adlon. München 1956
Cziffra, Géza von: Der Kuh im Kaffeehaus. München 1984
Erman, Hans: Bei Kempinski. Berlin (West) 1958
Fohsel, Hermann J.: Im Wartesaal der Poesie. Zeit- und Sittenbilder aus dem Café des Westens und dem Romanischen Café. Berlin 1996
Goetz, Wolfgang: Im »Größenwahn«, bei Pschorr und anderswo. Berlin 1936
Höxter, John: So lebten wir. 25 Jahre Berliner Boheme. Berlin 1929
Meidner, Ludwig: Dichter, Maler und Cafés. Zürich 1976
Ostwald, Hans: Berliner Kaffeehäuser. Berlin 1905
Zivier, Georg: Das Romanische Café. Berlin (West) 1962
20 Jahre Café des Westens. Berlin 1913

Berlin der zwanziger Jahre – Kulturgeschichte

Aus der großen Zahl von Berlindarstellungen ist hier eine Auswahl besonders materialreicher und authentischer Titel verzeichnet.

Arnheim, Rudolf: Stimme von der Galerie. Berlin 1928
Arnold, Karl: Berliner Bilder. Berlin 1924
Bouchholtz, Christian: Kurfürstendamm. Berlin 1921
Brentano, Bernard von: Wo in Europa ist Berlin. Frankfurt/Main 1981
Brieger, Lothar (Hrsg.): Zirkus Berlin. Berlin 1920
Bucovich, Mario von: Berlin. Berlin 1928
Dolbin, Benedikt Fred: Die Gezeichneten des Herrn Dolbin. 2 Bde. Wien 1926
Eckardt, Wolf von / Gillman, Sander: Bertolt Brecht's Berlin. New York 1975
Erman, Hans: Berliner Geschichten – Geschichte Berlins. Tübingen 1960
Everett, Susanne: Lost Berlin. London/Chicago 1979

Friedrich, Otto: Weltstadt Berlin. Größe und Untergang. München 1973
Hegemann, Werner: Das steinerne Berlin. Berlin 1930
Heller, Leo: So siehste aus, Berlin! München 1927
Hessel, Franz: Heimliches Berlin. Berlin 1927
Hessel, Franz: Spazieren in Berlin. Berlin 1929
Italiander, Rolf: Berliner Cocktail. Berlin (West) 1965
Jameson, Egon: Berlin – so wie es war. Düsseldorf 1973
Jameson, Egon: Augen auf! Berlin (West) 1982
Kiaulehn, Walter: Berlin. München 1969
Kracauer, Siegfried: Straßen in Berlin und anderswo. Frankfurt/Main 1964
Krell, Max: Das alles gab es einmal. Frankfurt/Main 1961
Lange, Friedrich: Groß-Berliner Tagebuch 1920-1933. Berlin (West) 1951
Lehmann, F. W.: Kurfürstendamm. Berlin (West) 1965
Mendelssohn, Peter de: Zeitungsstadt Berlin. Berlin (West) 1959
Moreck, Curt: Führer durch das lasterhafte Berlin. Leipzig 1931
Oppenheimer, Max (Mopp): Berlin. Berlin 1926
Orlik, Emil: Fünfundneunzig Köpfe. Berlin 1920
Osborn, Max: Berlin. Leipzig 1926
Osborn, Max (Hrsg.): Berlins Aufstieg zur Weltstadt. Berlin 1929
Pem (eigtl. Paul Marcus): Heimweh nach dem Kurfürstendamm. Berlin (West) 1955
Pfeiffer, Herbert: Berlin – zwanziger Jahre. Berlin (West) 1961
Roth, Joseph: Berliner Saisonbericht. Köln 1984
Ruland, Bernd: Das war Berlin. Bayreuth 1972
Salomon, Erich: Porträt einer Epoche. Berlin (West) 1963
Scheffler, Karl: Berlin. Wandlungen einer Stadt. Berlin 1931
Schrader, Bärbel/Schebera, Jürgen: Kunstmetropole Berlin 1918-1933. Berlin (DDR) 1987
Stone, Sasha: Berlin in Bildern. Wien 1929
Szatmari, Eugen: Das Buch von Berlin. München 1927
Uderstädt, Hans: Berlin wie es nur wenige kennen. Berlin 1930
Willinger, F. L.: 100 × Berlin. Berlin 1929

Weimarer Republik – Kulturgeschichte

Berlin spielt eine zentrale Rolle auch in der Literatur zur Weimarer Republik. Die nachfolgende kleine Auswahl berücksichtigt in der Mehrzahl Titel mit umfangreichem Abbildungsteil.

Behr, Hermann: Die goldenen zwanziger Jahre. Hamburg 1965
Gay, Peter: Die Republik der Außenseiter. München 1970
Hermand, Jost/Trommler, Frank: Die Kultur der Weimarer Republik. München 1978
Koch, Thilo: Die goldenen zwanziger Jahre. Frankfurt/Main 1970
Krummacher, F.A./Wucher, Heinrich: Die Weimarer Republik. München 1956
Laqueur, Walter: Weimar. Die Kultur der Republik. Berlin (West) 1976
Schrader, Bärbel/Schebera, Jürgen: Die »goldenen« zwanziger Jahre. Leipzig/Köln-Wien 1987
Werner, Bruno E.: Die zwanziger Jahre. München 1962
Willett, John: Explosion der Mitte. Kunst und Politik 1917 bis 1933. München 1981
Willett, John: The Weimar Years. London 1984

PERSONENREGISTER

Adlon, Hedda 131f.
Adlon, Lorenz 124
Adlon, Louis 131f.
Alpar, Gitta 83
Aufricht, Ernst Josef 93, 111, 134

Bab, Julius 62
Barnowsky, Viktor 92
Bassermann, Albert 83, 133, 172
Baum, Peter 27
Begas, Ottomar 21
Beierle, Alfred 159
Benjamin, Walter 120
Benn, Gottfried 24, 170
Bergner, Elisabeth 92, 172
Bernauer, Luigi 143
Bierbaum, Otto Julius 20
Birkenfeld, Günther 43
Blass, Ernst 23
Bohnen, Michael 83
Boldt, Paul 40
Brecht, Bertolt 13, 17, 67, 73, 79, 82, 90, 105, 107, 109f., 112, 118, 120, 163, 174
Brentano, Bernard von 157
Brieger, Lothar 62
Bronnen, Arnolt 67, 90, 92, 107, 170
Bruckner, Ferdinand (eigtl. Theodor Tagger) 67, 92
Burschell, Friedrich 118

Cassirer, Bruno 9, 54, 163
Cassirer, Paul 21, 24
Chaplin, Charles 124

Charell, Erik (eigtl. Erich Löwenberg) 102
Chesterton, Gilbert Keith 152
Corinth, Lovis 137
Cziffra, Géza von 57, 68, 157, 164

Dehmel, Richard 21, 24
Deutsch, Ernst 81, 92
Diebold, Bernhard 62
Dietrich, Marlene 78
Dix, Otto 54, 106
Döblin, Alfred 21, 24, 27, 67, 107, 171, 174
Dolbin, Benedikt Fred 54, 56
Dorsch, Käthe 86, 92, 172
Durieux, Tilla 21
Durus, Alfred (eigtl. Alfred Kemeny) 62

Ebert, Friedrich 98
Ebinger, Blandine 75, 152
Edel, Edmund 20f., 24
Edel, Peter 20
Einstein, Albert 168
Einstein, Carl 28
Enderle, Luiselotte 147
Engel, Erich 111
Engel, Fritz 151
Erdmann, Erhardt 142
Ewers, Hanns Heinz 31, 171f.
Eysoldt, Gertrud 128

Falckenberg, Otto 85
Fehling, Jürgen 81, 83
Feuchtwanger, Lion 112, 115, 163, 168

Fiering, Karl 42, 44
Flamm, Peter 155
Flechtheim, Alfred 46, 54, 56, 71, 168
Forster, Rudolf 81, 83, 92
Fraenkel, Jakob 96
Frank, Leonhard 13, 31, 44, 92, 169
Frei, Bruno (eigtl. Benedict Freistadt) 62
Freud, Sigmund 130
Friedell, Egon 70, 72, 82
Furtwängler, Wilhelm 172

Gay, John 115
George, Heinrich 172
George, Stefan 30
Goebbels, Joseph 169, 172
Göring, Hermann 169, 172
Goering, Reinhard 90
Goetz, Curt 62 f.
Goetz, Wolfgang 171
Graetz, Paul 75
Graf, Oskar Maria 107
Granach, Alexander 144
Grossmann, Rudolf 54
Grossmann, Stefan 62, 96
Grosz, George 107, 118 f., 155
Grothe, Franz 143
Grubel, Fred 161
Gründgens, Gustaf 83, 133, 172
Gülstorff, Max 83

Hardekopf, Ferdinand 28
Hart, Julius 21
Hase, Annemarie 76, 152
Hasenclever, Walter 67
Hauptmann, Benvenuto 127 f.
Hauptmann, Gerhart 123, 126 f., 172

Heartfield, John (eigtl. Helmut Herzfeld) 107
Heine, Heinrich 16
Heller, Leo 94
Herrmann-Neiße, Max (eigtl. Max Hermann) 104
Herzfelde, Wieland (eigtl. Herzfeld) 107, 118
Hessel, Franz 67
Hesterberg, Hesto 137 f.
Hesterberg, Trude 75, 94, 152
Heym, Georg 23
Heymann, Werner Richard 75, 94
Heyse, Paul 91
Hildenbrand, Fred 62
Hille, Peter 21, 24
Hiller, Kurt 23
Hilpert, Heinz 172
Hindenburg, Paul von 165
Hitler, Adolf 165, 169, 172
Hoddis, Jakob van (eigtl. Hans Davidsohn) 23, 27
Hofer, Carl 57
Hoffmann, E.T.A. 16
Hofmannsthal, Hugo von 30
Holl, Gussy 100
Hollaender, Felix 128
Hollaender, Friedrich 75, 85, 94, 128, 135
Holz, Arno 130
Höxter, John 27, 29, 46
Homolka, Oskar 82, 128
Horváth, Ödön von 12, 57, 92 f., 157, 174
Huch, Ricarda 130
Huelsenbeck, Richard 118

Isherwood, Christopher 167

Jacobs, Monty 62
Jacobsohn, Edith 147
Jacobsohn, Egon 62, 72, 147
Jacobsohn, Siegfried 147
Jaeckel, Willy 54, 137 f.
Jannings, Emil 83, 96, 98, 100, 172
Janowitz, Heinz 94, 96
Jessner, Leopold 81, 83, 88, 172
Jhering, Herbert 62, 83
Josty, Johann 37

Kaiser, Georg 103, 111, 163
Kästner, Erich 143, 145 ff., 170
Katz, Richard 62
Kayßler, Friedrich 128
Kerr, Alfred (eigtl. Alfred Kempner) 62, 168, 174
Kessler, Harry Graf 128
Kesten, Hermann 9, 67, 151 f., 159, 163
Kiepenheuer, Gustav 151, 162 f.
Kiepura, Jan 117
Kipling, Rudyard 117
Kisch, Egon Erwin 9, 32, 67, 69 f., 72, 79, 82, 92, 107, 160, 174
Klabund (eigtl. Alfred Henschke) 30 f.
Klemperer, Victor 172
Klöpfer, Eugen 96
Knauf, Erich 145
Knepler, Georg 134
Koeppen, Wolfgang 163, 171
Kokoschka, Oskar 28
Kollo, Willi 82
Kollontai, Alexandra 124
Kollwitz, Käthe 58
Kortner, Fritz 60, 67, 77, 82, 88 ff., 169, 172

Kracauer, Siegfried 157
Kraus, Karl 26, 28, 133 ff.
Krauss, Werner 71 ff., 86, 88, 90 f., 96, 100, 128, 172
Krell, Max 67, 152
Kuh, Anton 67, 82, 131 f.
Kurtz, Rudolf 28

Lamprecht, Gerhard 150
Landshoff, Fritz 67
Lasker, Emanuel 67
Lasker-Schüler, Else 21, 24 f., 27, 34, 38, 67, 171
Lenya, Lotte (eigtl. Karoline Blamauer) 105, 109, 114
Levy, Rudolf 54
Lewis, Sinclair 131 f.
Lichtenstein, Alfred 23
Liebermann, Max 54, 57, 60, 62, 137
Lofting, Hugh 147
Loos, Adolf 28
Lubitsch, Ernst 96

Maenz, Änne 95 ff.
Mann, Heinrich 10, 31, 98, 133, 174
Mann, Thomas 30 f., 123, 129 f., 168, 174
Marcus, Paul 48, 62
Marcuse, Ludwig 159, 170
Martin, Karlheinz 93
Massary, Fritzi (eigtl. Friederike Masaryk) 73, 77, 83, 96, 98, 104
Matthias, Lisa 118
Mechnig, Elfriede 150
Mehring, Walter 75, 163 f.
Meidner, Ludwig 26
Mendelsohn, Erich 151
Mendelssohn, Peter de 65

Molnar, Franz 67f.
Morgan, Paul 69, 71
Moser, Hans (eigtl. Jean Juliet) 96
Mosheim, Grete 69, 82
Mühsam, Erich 21, 24, 27f., 29f., 34, 41f., 170f.
Murnau, Friedrich Wilhelm (eigtl. F.W. Plumpe) 98
Müthel, Lothar 83
Mynona (eigtl. Samuel Friedländer) 27, 30

Neher, Carola 75
Nestroy, Johann Nepomuk 134

Offenbach, Jacques 134f.
Ohser, Erich 145, 152, 154f.
Ophüls, Max 80
Oppenheimer, Maximilian (Mopp) 28, 44, 54
Orlik, Emil 44, 48, 54, 57
Osborn, Max 20, 62
Ossietzky, Carl von 169f.
Oswald, Richard 102f.

Pallenberg, Max 73, 83, 96, 98
Paulsen, Harald 92, 114, 143
Pauly, Ernst 31
Pechstein, Max 54, 137f., 141
Petersen, Julius 123
Pfemfert, Franz 40
Pinthus, Kurt 62, 90, 95, 98, 104
Piscator, Erwin 83, 107
Polgar, Alfred (eigtl. A. Polack) 55, 70
Poppenberg, Felix 171

Quadflieg, Will 83

Radecki, Sigismund von 81
Raimund, Ferdinand 134
Rasp, Fritz 149
Raynal, Paul 112
Rehfisch, Hans José 67
Reifenberg, Benno 157
Reinhardt, Edmund (eigtl. E. Goldmann) 57
Reinhardt, Max (eigtl. M. Goldmann) 20, 35, 57, 83, 85, 92, 103, 127, 172
Remarque, Erich Maria (eigtl. Erich Paul Remark) 130, 133
Rilke, Rainer Maria 30
Ringelnatz, Joachim 141f., 143f.
Robitschek, Kurt 152
Roda Roda, Alexander (eigtl. Sandor Friedrich Rosenfeld) 67, 143
Roth, Friederike 156, 161
Roth, Joseph 35, 156ff., 174
Rowohlt, Ernst 12, 96, 131f.
Rühmann, Heinz 143

Samson-Körner, Paul 73
Schäfer-Ast, Albert 141
Schaeffers, Willi 76, 81, 94, 142
Schaffgotsch, Xaver 118
Schennis, Hans Friedrich Baron von 21
Schickele, René 28, 35, 161
Schlichter, Max 105ff., 118
Schlichter, Rudolf 105, 107, 109, 119f.
Schlichter, Speedy 119f.
Schmeling, Max 73
Schmied, Rudolf Johannes 171
Schnitzler, Arthur 67
Schützendorf, Leo 143
Schwannecke, Ellen 85
Schwannecke, Viktor 84f., 92

Schwarzschild, Leopold 64, 146
Seeler, Moritz 75, 94
Seghers, Anna (eigtl. Netty Radványi) 164, 173
Shaw, George Bernard 86
Sieber, Josef 88
Siodmak, Robert 143
Slevogt, Max 44, 54, 57f., 62
Stemmle, Robert Adolf 88
Sternberg, Fritz 109
Sternberg, Josef von 98
Strauss, Richard 35, 172
Strindberg, August 92
Sudermann, Hermann 111
Szatmari, Eugen 54, 69, 87

Tau, Max 67, 163
Tauber, Richard 83, 104
Tergit, Gabriele (eigtl. Elise Reifenberg) 65
Thimig, Helene 92, 128
Tiedtke, Jakob 96
Toller, Ernst 112, 118, 163
Trebitsch, Siegfried 86
Trier, Walter 153, 155
Tucholsky, Kurt 75, 82, 115, 118

Valetti, Rosa 75
Veidt, Conrad 96, 98f., 100, 102f.
Verlaine, Paul 79
Villon, François 117

Walden, Herwarth 21, 25, 27, 171
Waldoff, Claire 54, 144
Warschauer, Frank 62
Wassermann, Jakob 161
Weber, Marek 125
Weigel, Helene 107
Weigelt, Willy 137ff., 142f.
Weill, Kurt 82, 105, 109, 120
Weiß, Ernst 170
Westermeier, Paul 104
Westheim, Paul 63
Wiene, Robert 96, 102
Wolzogen, Ernst von 20

Zeller, Magnus 141
Zivier, Georg 81f.
Zuckmayer, Carl 10, 67, 87, 92
Zweig, Arnold 67, 164, 174
Zweig, Stefan 157, 174

BILDNACHWEIS

Atrium Verlag AG, Zürich: Seite 153
Aufbau Verlag, Berlin: 44
bpk, Berlin: 51
Bundesarchiv Berlin, Filmarchiv: 99, 149
Bundesarchiv Koblenz, Bildarchiv: 15 (183-J1209-501-003), 25 (183-R892370), 47 (183-R25288), 74 (183-W0521-500), 78 (183-R13083), 86 (183-H0927-506), 89 (183-1983-0216-511), 97 (183-1984-0405-503), 101 (183-1983-0223-507), 126 (183-J0817-502-001), 127 (183-1985-1207-500), 129 (183-H27031), 140 (183-R31037), 162 (183-1984-0104-525)
Deutsches Literaturarchiv Marbach: 116
Jüdisches Museum der Stadt Frankfurt am Main: 26, 103 (Ludwig Meidner-Archiv)
Landesbildstelle Berlin: 8, 14, 43
Anne Radvanyi, Berlin: 173
Viola Roehr v. Alvensleben, München: 106, 108, 110, 120, 121
Süddeutsche Zeitung Photo, München: 45
ullstein bild, Berlin: 11 (Süddeutsche Zeitung Photo/Scherl), 58

Für die Wiedergabe der Werke von Benedikt F. Dolbin und George Grosz: © VG Bild-Kunst, Bonn 2023

Alle weiteren Abbildungen stammen aus dem Archiv des Autors oder des Insel Verlags.

Die schönsten Liebesgedichte der »größten Lyrikerin, die Deutschland je hatte« (Gottfried Benn)

»Mit mir geht es zu Ende, ich kann nicht mehr lieben«, soll eine der letzten Äußerungen Else Lasker-Schülers vor ihrem Tod gewesen sein. Gerade ihre Liebesgedichte zeigen, wie mutig, wie rücksichtslos die Liebe sein kann. Für die Zeit der Liebe ist es aus mit dem Mittelmaß. Kein Alltag, nirgends. Liebe ist der einzige Beweis für die Einzigartigkeit des Einzelnen. Liebe ist für Else Lasker-Schüler das Recht und der Wunsch, jemanden so sehr zu fordern, bis er den Ansprüchen des anderen zu gleichen beginnt. Die Liebende erschafft sich den Geliebten – und keine hat das so großartig gekonnt wie Else Lasker-Schüler. Ihre Gedichte zeigen uns, wie die Liebe sein kann: von der Einsamkeit des unerwiderten Begehrens bis zu ihrem verschwenderischen Überschwang.

Eva Demski hat für diese Ausgabe 100 Liebesgedichte der »größten Lyrikerin, die Deutschland je hatte«, (Gottfried Benn) ausgewählt.

Else Lasker-Schüler, Wir Beide. Die schönsten Liebesgedichte. Herausgegeben von Eva Demski. insel taschenbuch 4684. 144 Seiten.